# Μια Ελληνική

## A Greek Family

*Theodore C. Papaloizos, Ph.D.*

ISBN: 978-0-932416-97-1

3rd Edition 2012

For more information, please visit www.greek123.com
Please submit changes and report errors to www.greek123.com/feedback

Printed and bound in Korea

Papaloizos Publications, Inc.
11720 Auth Lane
Silver Spring, MD 20902
301.593.0652

# Table of Contents

# Περιεχόμενα Γραμματικής - Grammar Contents

# Επανάληψη - Review

The review will help you in the reading and understanding the book.

## Το αλφάβητο - The alphabet

| | | | |
|---|---|---|---|
| Αα | άλφα | Νν | νι |
| Ββ | βήτα | Ξξ | ξι |
| Γγ | γάμα | Οο | όμικρο |
| Δδ | δέλτα | Ππ | πι |
| Εε | έψιλο | Ρρ | ρο |
| Ζζ | ζήτα | Σ,σ,ς | σίγμα |
| Ηη | ήτα | Ττ | ταυ |
| Θθ | θήτα | Υυ | ύψιλο |
| Ιι | γιώτα | Φφ | φι |
| Κκ | κάπα | Χχ | χι |
| Λλ | λάμδα | Ψψ | ψι |
| Μμ | μι | Ωω | ωμέγα |

## Διπλά σύμφωνα - Double consonants

| Letters | Sound |
|---|---|
| μπ | μπαίνω |
| ντ | ντομάτα |
| γκ | αγκαλιά |
| τζ | τζιτζίκι |
| τς | έτσι |

## Διπλά φωνήεντα - Double vowels

| Letters | | Sound | Example |
|---|---|---|---|
| αι | makes | ε | και |
| οι | makes | ι | οι φίλοι |
| ει | makes | ι | τρώει |
| ου | makes | οο | ουρανός |
| αυ | makes | αφ or αβ | αυτός, αύριο |
| ευ | makes | εφ or εβ | ευτυχία, ευρώ |

## Βοηθητικά ρήματα - Auxiliary verbs

**είμαι (I am) and έχω (I have):**

| | | |
|---|---|---|
| εγώ | είμαι | I am |
| εσύ | είσαι | you are |
| αυτός, αυτή, αυτό | είναι | he, she, it is |
| εμείς | είμαστε | we are |
| εσείς | είστε | you are |
| αυτοί | είναι | they are |

| | | |
|---|---|---|
| εγώ | έχω | I have |
| εσύ | έχεις | you have |
| αυτός, αυτή, αυτό | έχει | he, she, it has |
| εμείς | έχουμε | we have |
| εσείς | έχετε | you have |
| αυτοί | έχουν | they have |

## Ρήματα - Verbs (words of action)

### θέλω (I want)

| | | |
|---|---|---|
| εγώ | θέλω | I want |
| εσύ | θέλεις | you want |
| αυτός, αυτή, αυτό | θέλει | he, she, it wants |
| εμείς | θέλουμε | we want |
| εσείς | θέλετε | you want |
| αυτοί | θέλουν | they want |

Here are some more verbs that end in **-ω**:

| | |
|---|---|
| **λέω** - I say | **κόβω** - I cut |
| **δίνω** - I give | **πλένω** - I wash |
| **φεύγω** - I leave | **πίνω** - I drink |
| **γράφω** - I write | **διαβάζω** - I read |
| **τρέχω** - I run | **ανοίγω** - I open |
| **κλείνω** - I close | **κλαίω** - I cry |

All the previous verbs end in **-ώ** and are conjugated in the same way:

-ω

-εις

-ει

-ουμε

-ετε

-ουν

## Ρήματα - Verbs (words of action)

Verbs ending in **-ώ** (with accent),
are conjugated differently:

**αγαπώ** - I love
**βοηθώ** - I help
**μιλώ** - I talk
**περπατώ** - I walk

---

These verbs also end in **-ώ**:

**ζω** - I live
**παρακαλώ** - I beg
**ευχαριστώ** - I thank
**μπορώ** - I can

## Η οικογένεια - The family

**ο πατέρας, ο μπαμπάς** - father
**η μητέρα, η μαμά** - mother
**ο αδελφός** - brother
**η αδελφή** - sister
**τα αδέλφια** - brothers and sisters

**ο παππούς** - grandfather
**η γιαγιά** - grandmother
**ο θείος** - uncle
**η θεία** - aunt

## Οι Αριθμοί - The Numbers

| | |
|---|---|
| **ένα** - one | **δεκαπέντε** - fifteen |
| **δύο, δυο** - two | **δεκαέξι** - sixteen |
| **τρία** - three | **δεκαεφτά** - seventeen |
| **τέσσερα** - four | **δεκαοχτώ** - eighteen |
| **πέντε** - five | **δεκαεννέα** - nineteen |
| **έξι** - six | **είκοσι** - twenty |
| **εφτά** - seven | **τριάντα** - thirty |
| **οχτώ** - eight | **σαράντα** - forty |
| **εννέα** - nine | **πενήντα** - fifty |
| **δέκα** - ten | **εξήντα** - sixty |
| **έντεκα** - eleven | **εβδομήντα** - seventy |
| **δώδεκα** - twelve | **ογδόντα** - eighty |
| **δεκατρία** - thirteen | **ενενήντα** - ninety |
| **δεκατέσσερα** - fourteen | **εκατό** - one hundred |

## Οι μέρες της εβδομάδας - The days of the week

**η Κυριακή** - Sunday
**η Δευτέρα** - Monday
**η Τρίτη** - Tuesday
**η Τετάρτη** - Wednesday
**η Πέμπτη** - Thursday
**η Παρασκευή** - Friday
**το Σάββατο** - Saturday

### Μια ελληνική οικογένεια

Aυτή είναι μια πολύ **αγαπητή οικογένεια**. Ψηλά, **αριστερά** είναι η Μαργαρίτα. Είναι ένα κορίτσι εννιά **χρονών**.

**Δίπλα της**, είναι ο Νίκος.

Είναι πιο μικρός από τη Μαργαρίτα. Είναι έξι χρονών.

Η Μαργαρίτα και ο Νίκος είναι **αδέλφια**.

Στην άλλη σειρά, είναι η μητέρα τους.

Η Μαργαρίτα τη φωνάζει μαμά. Αλλά **οι φίλες** της τη φωνάζουν κυρία Μαρία.

Δίπλα στη μητέρα, είναι ο πατέρας.

***Ονομάζεται*** Δημήτρης.

Η κυρία Μαρία κι ο κύριος Δημήτρης είναι ***οι γονιοί*** της Μαργαρίτας.

Μαζί τους ***μένουν*** ο παππούς και η γιαγιά.

Η Μαργαρίτα, ο Νίκος, η κυρία Μαρία, ο κύριος Δημήτρης, ο παππούς και η γιαγιά ***κάνουν*** μαζί μια οικογένεια. 😊

## λεξιλόγιο - vocabulary

**αγαπητή** - dear, beloved
**η οικογένεια** - family
**αριστερά** - left
**χρονών** - years of age
**δίπλα της** - next to her, to her side
**τα αδέλφια** - brothers and sisters
**οι φίλες** - friends (girls)
**ονομάζεται** - he is named
**οι γονιοί** (γονείς) - parents
**μένουν** - they live in
  **μένω** (1) - I live in, I stay
**κάνουν** - they make
  **κάνω** (1) - I do, I make

## μελέτη λέξεων - word study

**το αγόρι** - boy
**το κορίτσι** - girl
**ο πατέρας** - father
**η μητέρα** - mother

## γραμματική - grammar

We put in front of words three smaller words:

**ο, η, το**

**ο** πατέρας, **η** μητέρα, **το** παιδί, **ο** παππούς

**η** γιαγιά, **το** αγόρι, **το** κορίτσι

We call these words **articles - άρθρα**.

---

The verb: **έχω (1) - I have**

| | | |
|---|---|---|
| εγώ | **έχω** | I have |
| εσύ | **έχεις** | you have |
| αυτός, αυτή, αυτό | **έχει** | he, she, it has |
| εμείς | **έχουμε** | we have |
| εσείς | **έχετε** | you have |
| αυτοί, αυτές, αυτά | **έχουν** | they have |

13

# Μάθημα δεύτερο - Lesson 2

## Η Μαργαρίτα

Η Μαργαρίτα είναι ένα κορίτσι εννιά χρονών. Είναι πολύ καλό και *έξυπνο* κορίτσι. *Μιλάει* Ελληνικά και *Αγγλικά*. Ξέρει να χορεύει *ελληνικούς χορούς* και να *τραγουδά* ελληνικά *τραγούδια*.

**Βοηθά** τη μαμά να **μαγειρεύει** και να κάνει **γλυκίσματα**.
Ξέρει να παίζει **πιάνο**.
Διαβάζει βιβλία.

Ακούει τους γονιούς της και **δεν κάνει αταξίες**.

Ο πατέρας και η μητέρα **αγαπούν** πολύ τη Μαργαρίτα.
Μα και η Μαργαρίτα τους αγαπά πολύ. 😊

## λεξιλόγιο - vocabulary

**έξυπνο** - smart
**μιλώ** (2) - I talk
**τα Αγγλικά** - English
**ελληνικός** - Greek
**ο χορός** - dance
**τραγουδά** - she sings
　**τραγουδώ** (2) - I sing
**το τραγούδι** - song
**βοηθά** - she helps
　**βοηθώ** (2) - I help
**μαγειρεύει** - she cooks
　**μαγειρεύω** (1) - I cook
**τα γλυκίσματα** - sweets
　**το γλύκισμα** - the sweet
**το πιάνο** - piano
**δεν κάνει αταξίες** - she does not misbehave
**αγαπούν** - they love
　**αγαπώ** (2) - I love

**η οικογένεια** - the family
**το παιδί** - child
**ο αδελφός** - brother
**η αδελφή** - sister
**ο παππούς** - grandfather
**η γιαγιά** - grandmother

## γραμματική - grammar

### Group 1 Verbs

A verb is a word that shows action or a state of being.
We separate the verbs into four groups.
The verbs in Group 1 end in **-ω** (without an accent).

We mark these verbs with the number **(1)**.

διαβάζω (1), γράφω (1), τρώω (1), πίνω (1), τρέχω (1), παίζω (1)

We conjugate Group 1 Verbs:

| | | |
|---|---|---|
| εγώ | διαβάζ**ω** | I read |
| εσύ | διαβάζ**εις** | you read |
| αυτός, αυτή, αυτό | διαβάζ**ει** | he, she, it reads |
| εμείς | διαβάζ**ουμε** | we read |
| εσείς | διαβάζ**ετε** | you read |
| αυτοί, αυτές, αυτά | διαβάζ**ουν** | they read |

16

# Μάθημα τρίτο - Lesson 3

## Ο Νίκος

O Νίκος είναι ο αδελφός της Μαργαρίτας.
Είναι πιο μικρός από τη Μαργαρίτα.
Πηγαίνει στο σχολείο αλλά δεν του αρέσει πολύ.
**Θέλει να μένει σπίτι** και να παίζει με **τα παιχνίδια** του.

Στο **δωμάτιό** του έχει πολλά παιχνίδια.
**Αυτοκινητάκια, αεροπλανάκια, στρατιωτάκια.**

Θέλει να έχει και **τηλεόραση**.

Μα ο πατέρας τού λέει:

- Νίκο, **δεν χρειάζεσαι** τηλεόραση στην **κάμαρά** σου.

Είσαι μικρός ακόμα.

Μα εκείνος θέλει.

- Θα πάρεις τηλεόραση, **όταν μεγαλώσεις**.

## λεξιλόγιο - vocabulary

**θέλει να μένει σπίτι** - he wants to stay home
**θέλω** (1) - I want
**μένω** (1) - I stay
**τα παιχνίδια** - toys, games
  **το παιχνίδι** - toy, game
**το δωμάτιο** - room
**τα αυτοκινητάκια** - small cars
  **το αυτοκίνητο** - car
**τα αεροπλανάκια** - small airplanes
  **το αεροπλάνο** - airplane
**τα στρατιωτάκια** - small toy soldiers
  **το στρατιωτάκι** - toy soldier
**η τηλεόραση** - television
**δεν χρειάζεσαι** - you do not need
  **χρειάζομαι** (4) - I need
**η κάμαρα** - room
**όταν μεγαλώσεις** - when you grow up
  **μεγαλώνω** (1) - I grow up

## μελέτη λέξεων - word study

**το αυτοκίνητο** - car
**το αεροπλάνο** - airplane
**η τηλεόραση** - television
**το δωμάτιο** - room
**η κάμαρα** - room

## γραμματική - grammar

**The verb: είμαι - I am**

| εγώ | **είμαι** | I am |
|---|---|---|
| εσύ | **είσαι** | you are |
| αυτός, αυτή, αυτό | **είναι** | he, she, it is |
| εμείς | **είμαστε** | we are |
| εσείς | **είστε** | you are |
| αυτοί, αυτές, αυτά | **είναι** | they are |

# Μάθημα τέταρτο - Lesson 4

## Ο πατέρας

**Α**υτός είναι ο πατέρας, ο μπαμπάς.
Είναι πολύ καλός.
Αγαπά πολύ τα παιδιά.
Μα και τα παιδιά τον αγαπούν.
Έχει ένα κόκκινο αυτοκίνητο.
***Αγοράζει χίλια δυο πράγματα*** για τα παιδιά:
Ρούχα, παπούτσια, βιβλία, παιχνίδια.

Τους **φέρνει** σοκολάτες, **δώρα** και γλυκίσματα.

Πηγαίνει τα παιδιά σε παιχνίδια, στο **ποδόσφαιρο**, στο μπέιζμπολ, στο μπάσκετ.

Τα βοηθά ακόμα, όταν διαβάζουν και γράφουν.

Πολλές φορές είναι **αυστηρός**.

Θέλει τα παιδιά να είναι **φρόνιμα**.

Να είναι **καθαρά**.

Να αγαπούν κάθε τι που είναι καλό.

Να μη πειράζουν τα άλλα παιδιά.

Να διαβάζουν τα μαθήματά τους.

Να μη βλέπουν τηλεόραση πολλή ώρα.

## λεξιλόγιο - vocabulary

**αγοράζει** - he buys
  **αγοράζω** (1) - I buy
**χίλια δυο** - a thousand and two
**τα πράγματα** - things
  **το πράγμα** - thing
**φέρνει** - he brings
  **φέρνω** (1) - I bring
**τα δώρα** - gifts
  **το δώρο** - gift
**το ποδόσφαιρο** - soccer
**αυστηρός** - strict
**φρόνιμα** - well behaved
**καθαρά** - clean

## Group 2 Verbs

The verbs in Group 2 end in **-ώ** (with an accent).
We mark these verbs with the number **(2)**.

αγαπ**ώ** (2) - I love          βοηθ**ώ** (2) - I help
χτυπ**ώ** (2) - I hit          πηδ**ώ** (2) - I jump

We conjugate Group 2 Verbs:

| εγώ | αγαπ**ώ** | I love |
| εσύ | αγαπ**άς** | you love |
| αυτός, αυτή, αυτό | αγαπ**ά** | he, she, it loves |
| εμείς | αγαπ**ούμε** or αγαπ**άμε** | we love |
| εσείς | αγαπ**άτε** | you love |
| αυτοί, αυτές, αυτά | αγαπ**ούν** | they love |

**Adjectives**     Some words are used to describe another word:

ο **καθαρός** ουρανός, η **μεγάλη** αυλή, η **δυνατή** βροχή

These words are called adjectives (**επίθετα**) and have three genders:

1. One for the masculine:  **καθαρός**  ουρανός  clear sky
2. One for the feminine:  **καθαρή**  τάξη  clean classroom
3. One for the neuter:  **καθαρό**  παιδί  clean child

### Η μαμά

Η μαμά είναι *το καμάρι* του σπιτιού.
Και τι δεν κάνει!
*Μαγειρεύει, καθαρίζει*, πλένει, κάνει χίλια δυο πράγματα.
Τα παιδιά την αγαπούν πάρα πολύ.

Το πρωί τα *ξυπνά* για να *πάνε* στο σχολείο.
*Ετοιμάζει το πρωινό*.
- Παιδιά, τι θέλετε για πρωινό σήμερα;  Θέλετε cereal;
Ή θέλετε toast με *βούτυρο* και *μαρμελάδα*;
*Μήπως* θέλετε κανένα αβγό; τα *ρωτά*.

*Κοιτάζει* τα ρούχα των παιδιών.
- Μαργαρίτα, *η μπλούζα* που *φορείς* δεν είναι καθαρή.
Πρέπει να την *αλλάξεις*.

Κοιτάζει αν τα χέρια τους είναι καθαρά.
- Νίκο, κοίταξε *τα νύχια* των χεριών σου.  Είναι μεγάλα.
Πρέπει *να τα κόψουμε*.

Θέλει τα παιδιά της να είναι *πάντα* καθαρά.

## λεξιλόγιο - vocabulary

**το καμάρι** - the pride
**μαγειρεύει** - she cooks
  **μαγειρεύω** (1) - I cook
**καθαρίζει** - she cleans
  **καθαρίζω** (1) - I clean
**ξυπνά** - she wakes
  **ξυπνώ** (2) - I wake
**πάνε** - they go
  **πηγαίνω** (1) - I go
**ετοιμάζει το πρωινό** - she prepares breakfast
  **ετοιμάζω** (1) - I get ready
**το βούτυρο** - butter
**η μαρμελάδα** - marmalade
**μήπως** - maybe, perhaps
**ρωτά** - she asks
  **ρωτώ** (2) - I ask
**κοιτάζει** - she looks at
  **κοιτάζω** (1) - I look
**η μπλούζα** - blouse
**φορείς** - you wear
  **φορώ** (3) - I wear
**αλλάξεις** - you will change
  **αλλάζω** (1) - I change
**τα νύχια** - nails
**να τα κόψουμε** - to cut them

24

## Group 3 Verbs

The verbs in Group 3 end in **-ώ** like those in Group 2.
But they are conjugated in a slightly different way.

We conjugate Group 3 Verbs:

| εγώ | μπορ**ώ** | I can |
| εσύ | μπορ**είς** | you can |
| αυτός, αυτή, αυτό | μπορ**εί** | he, she, it can |
| εμείς | μπορ**ούμε** | we can |
| εσείς | μπορ**είτε** | you can |
| αυτοί, αυτές, αυτά | μπορ**ούν** | they can |

| | |
|---|---|
| **Μπορώ** να πηδώ ψηλά. | I can jump high. |
| **Μπορείς** να χορεύεις. | You can dance. |
| **Μπορεί** να παίζει ποδόσφαιρο. | He can play soccer. |
| **Μπορούμε** να έρθουμε αύριο. | We can come tomorrow. |
| **Μπορείτε** να μας βοηθήσετε; | Can you help us? |

## *Ο παππούς*

O παππούς.
Είναι *γέρος*.
Λέει χίλια δυο *αστεία*.
- Πόσων χρονών είσαι, παππού; τον ρωτούν τα παιδιά.
- Α!  Παιδιά μου, *δεν θυμάμαι πότε γεννήθηκα*, λέει.
Ρωτήστε τη μαμά σας, έτσι λέει και *γελά*.

Έχει ένα μεγάλο *μουστάκι* που φτάνει από τη μια *άκρη* του
*προσώπου* του *στην άλλη*.

- Παππού, γιατί έχεις μουστάκι; ρωτούν πάλι τα παιδιά.

- Δεν ξέρω, παιδιά μου, λέει. Έτσι γεννήθηκα, με μουστάκι.

- Γιατί δεν το κόβεις;

- Δεν έχω *ψαλίδι*.

- Έχουμε εμείς, του λένε.

- Α! Το ψαλίδι σας δεν είναι καλό. Δεν κόβει.

Του αρέσει να διαβάζει την *εφημερίδα* και να βλέπει ποδόσφαιρο στην τηλεόραση. ☺

## λεξιλόγιο - vocabulary

**ο γέρος** - old man
**τα αστεία** - jokes
  **το αστείο** - joke
**δεν θυμάμαι** - I do not remember
**πότε;** - when?
**γεννήθηκα** - I was born
  **γεννιέμαι** (4) - I am born
**γελά** - he laughs
  **γελώ** (2) - I laugh
**το μουστάκι** - mustache
**η άκρη** - edge, end
**το πρόσωπο** - face
**στην άλλη** - to the other
**το ψαλίδι** - scissors
**η εφημερίδα** - newspaper

## Group 4 Verbs

The verbs in Group 4 end in **-ομαι, -άμαι, -ούμαι**.

**κάθομαι** (4) - I sit

**θυμούμαι, θυμάμαι** (4) - I remember

We conjugate Group 4 Verbs:

| | | |
|---|---|---|
| εγώ | **κάθομαι** | I sit |
| εσύ | **κάθεσαι** | you sit |
| αυτός, αυτή, αυτό | **κάθεται** | he, she, it sits |
| εμείς | **καθόμαστε** | we sit |
| εσείς | **κάθεστε** | you sit |
| αυτοί, αυτές, αυτά | **κάθονται** | they sit |

28

## *Η γιαγιά*

**Η** γιαγιά είναι η μητέρα της μητέρας.
Όλο *γελαστή* και *χαρούμενη*.
- Παιδιά, τι θέλετε *να φάτε* σήμερα;  Ό,τι θέλετε θα
σας το *φτιάξω*, λέει.

Είναι πάντοτε στην κουζίνα.
Της αρέσει να μαγειρεύει και να βοηθάει τη μητέρα.
*Φτιάχνει* ωραία ελληνικά φαγητά, γλυκίσματα και *νόστιμους*
*λουκουμάδες*.

- Γιαγιά, πόσων χρονών είσαι; τη ρωτούν τα παιδιά.
- Δεν ξέρω, παιδιά μου.
- Είσαι πιο μεγάλη από τον παππού;

- Γιατί θέλετε να μάθετε;
- Γιατί ο παππούς λέει πως είσαι πιο μεγάλη.
- Λέει **ψέματα**. **Εκείνος** είναι πιο μεγάλος. Εκείνος είναι γέρος. Δεν τον βλέπετε;
Κάθεται όλη μέρα στην **καρέκλα**.
Εγώ **στέκομαι** στην κουζίνα και μαγειρεύω.

Ο παππούς φωνάζει:
- Ελένη, φτιάξε μου έναν ελληνικό καφέ, παρακαλώ.
- Πες μου πόσων χρονών είσαι και τότε θα σου τον φτιάξω, απαντάει η γιαγιά. ☺

## λεξιλόγιο - vocabulary

**γελαστή** - smiling
**χαρούμενη** - joyful
**να φάτε** - (you) to eat
  **τρώω** (1) - I eat
**θα φτιάξω** - I will prepare
**φτιάχνει** - she prepares
  **φτιάχνω** (1) - I prepare, I fix
**νόστιμος** - tasty
**οι λουκουμάδες** - Greek sweets made of dough
                       and covered with honey
**τα ψέματα** - lies
**εκείνος** - he, that one
**η καρέκλα** - chair
**στέκομαι** (4) - I stand

30

## Masculine Words

Words with the article **o** are masculine words.
Λέξεις με το άρθρο **o** είναι αρσενικά.

**o** γιατρός, **o** πατέρας, **o** μαθητής

They end in:

**-ος   -ας   -ης**

Those ending in **-ος**, in the plural, **-ος** becomes **-οι**.

| | |
|---|---|
| **o** γιατρ**ός** - **οι** γιατρ**οί** | doctor - doctors |
| **o** θε**ός** - **οι** θε**οί** | god - gods |
| **o** ποταμ**ός** - **οι** ποταμ**οί** | river - rivers |
| **o** γέρ**ος** - **οι** γέρ**οι** | old man - old men |

## *Η κάμαρα της Μαργαρίτας*

Της αρέσει το σπίτι της, αλλά πιο πολύ της αρέσει η κάμαρά της.
Είναι όλη **δική της**.
Εκεί έχει **το κρεβάτι** της.
Έχει ένα **γραφείο**.  Σ'αυτό κάθεται, όταν διαβάζει και γράφει.
Τα βιβλία της τα βάζει σε μια μικρή **βιβλιοθήκη**.
Έχει πολλά βιβλία.
Η Μαργαρίτα δεν έχει τηλεόραση στο δωμάτιό της.
Αλλά αυτό δεν την πειράζει.

Έχει *φωτογραφίες* του πατέρα, της μητέρας,
του παππού και της γιαγιάς και πολλές φωτογραφίες
από τον καιρό που ήταν μικρή.

Έχει πολλά παιχνίδια και πολλές *κούκλες*.
Της αρέσουν πολύ οι κούκλες, *προπάντων* οι κούκλες
από την Ελλάδα με τις όμορφες *στολές* τους.

*Η ξαδέλφη* της, η Ελένη, που μένει στην Ελλάδα,
της *στέλνει* κούκλες σαν δώρο.  Η Μαργαρίτα
τις *στολίζει* όλες στο δωμάτιό της, μέσα σε μια *βιτρίνα*.

## λεξιλόγιο - vocabulary

**δική της** - her own
**το κρεβάτι** - bed
**το γραφείο** - desk, office
**η βιβλιοθήκη** - bookcase, library
**η φωτογραφία** - photograph
**οι κούκλες** - dolls
　**η κούκλα** - doll
**προπάντων** - especially
**οι στολές** - uniforms, costumes
　**η στολή** - uniform, costume
**η ξαδέλφη** - cousin (girl)
**στέλνει** - she sends
　**στέλνω** (1) - I send
**στολίζει** - she puts them as a decoration
　**στολίζω** (1) - I decorate
**η βιτρίνα** - showcase

33

## μελέτη λέξεων - word study

**το κρεβάτι** - bed
**το γραφείο** - desk, office
**η βιβλιοθήκη** - bookcase, library
**η φωτογραφία** - photograph
**η ξαδέλφη** - cousin

## γραμματική - grammar

### Feminine Words

Words with the article **η** are feminine words.
Λέξεις με το άρθρο **η** είναι θηλυκά.

η μητέρ**α**, **η** χώρ**α**, **η** πατρίδ**α**

η ξαδέλφ**η**, **η** βιβλιοθήκ**η**, **η** Νίκ**η**

They end in:

**-α**        **-η**

In the plural they end in **-ες**.

| | |
|---|---|
| **η** μητέρ**α** - **οι** μητέρ**ες** | mother - mothers |
| **η** χώρ**α** - **οι** χώρ**ες** | country - countries |
| **η** ξαδέλφ**η** - **οι** ξαδέλφ**ες** | cousin - cousins |
| **η** βιβλιοθήκ**η** - **οι** βιβλιοθήκ**ες** | bookcase - bookcases |

34

# Μάθημα ένατο - Lesson 9

## Στο σχολείο

**H** Μαργαρίτα και ο Νίκος πηγαίνουν στο **αμερικανικό** σχολείο.
Στο σχολείο αυτό **μαθαίνουν** Αγγλικά.
Μαθαίνουν την **ιστορία** και τη **γεωγραφία** της Αμερικής.

Σαν **ελληνόπουλα** που είναι, η Μαργαρίτα και ο Νίκος πηγαίνουν και στο ελληνικό σχολείο.
Το ελληνικό σχολείο είναι σε ένα **κτίριο**, δίπλα στην ελληνική εκκλησία.
Εκεί πηγαίνουν με άλλα ελληνόπουλα δυο φορές την εβδομάδα.
Τα **μαθήματα γίνονται** το απόγευμα, ύστερα από το αμερικανικό σχολείο ή το Σάββατο.

Στο ελληνικό σχολείο μαθαίνουν να διαβάζουν, να γράφουν και να μιλούν Ελληνικά.

Μαθαίνουν την ιστορία, τη *μυθολογία*, τη γεωγραφία και τον *πολιτισμό* της Ελλάδας.

Μαθαίνουν ακόμα ελληνικά τραγούδια, ελληνικούς *χορούς* και *προσευχές*.

Κάνουν γιορτές για τα Χριστούγεννα και για την *Εικοστή Πέμπτη Μαρτίου*.

*Κάνουν παρέα* με τα άλλα ελληνόπουλα.

Παίζουν μπάσκετ και ποδόσφαιρο. 😊

## λεξιλόγιο - vocabulary

**το αμερικανικό** - American
**μαθαίνουν** - they learn
   **μαθαίνω** (1) - I learn
**η ιστορία** - history
**η γεωγραφία** - geography
**τα ελληνόπουλα** - Greek children
   **το ελληνόπουλο** - Greek child
**το κτίριο** - building
**τα μαθήματα** - lessons
   **το μάθημα** - lesson
**γίνονται** - they take place
   **γίνομαι** (4) - I become
**η μυθολογία** - mythology
**ο πολιτισμός** - civilization
**χορούς** - dances
   **ο χορός** - dance
**προσευχές** - prayers
   **η προσευχή** - prayer
**η Εικοστή Πέμπτη Μαρτίου** - the 25th of March
**κάνουν παρέα** - they keep company

**το ελληνόπουλο** - Greek boy, Greek child
**η ελληνοπούλα** - Greek girl
**η Ελλάδα** - Greece
**ελληνικ-ός, -ή, -ό** - Greek
**τα Ελληνικά** - Greek (language)
**η ελληνική γλώσσα** - the Greek language

## γραμματική - grammar

### Neuter Words

Words with the article **το** are neuter words.

Λέξεις με το άρθρο **το** είναι ουδέτερα.

**το** σχολεί**ο**, **το** βιβλί**ο**, **το** αυτοκίνητ**ο**

**το** παιδ**ί**, **το** αγόρ**ι**, **το** κορίτσ**ι**, **το** ψάρ**ι**

**το** μάθη**μα**, **το** όνο**μα**, **το** πάτω**μα** (floor)

They end in:     **-ο**     **-ι**     **-μα**

Words that end in **-ο**, in the plural end in **-α**.

**το** βιβλί**ο** - **τα** βιβλί**α**     **το** αυτοκίνητ**ο** - **τα** αυτοκίνητ**α**

Words that end in **-ι**, in the plural add **-α**.

**το** παιδ**ί** - **τα** παιδ**ιά**     **το** κορίτσ**ι** - **τα** κορίτσ**ια**

Words that end in **-μα**, in the plural add **-τα**.

**το** μάθη**μα** - **τα** μαθή**ματα**     **το** όνο**μα** - **τα** ονό**ματα**

## Το πρωί στο σπίτι

**Τ**ο πρωί τα παιδιά **ξυπνούν** στις οχτώ.
Πρέπει να είναι στο σχολείο στις εννιά.
***Κάποτε*** όμως ***τα παίρνει ο ύπνος*** και
δεν ξυπνούν στις οχτώ.

Τότε η μαμά φωνάζει:
- Μαργαρίτα, Νίκο, ώρα *να σηκωθείτε*.
Η Μαργαρίτα σηκώνεται *νυσταγμένη*.
Ο Νίκος θέλει *να κοιμηθεί* λίγα *λεπτά* ακόμα.

Τα παιδιά πλένονται, ντύνονται και έρχονται στην κουζίνα.

Η μητέρα έχει έτοιμο το πρωινό τους.
**Μερικές** μέρες τρώνε cereal με γάλα και πίνουν πορτοκαλάδα.
Άλλες μέρες τρώνε **φρυγανιές** με βούτυρο και μαρμελάδα.
Κάποτε ένα αβγό τηγανιτό με φρυγανιές.

Παίρνουν τα βιβλία τους και πηγαίνουν στη **στάση**.
Εκεί **περιμένουν** το λεωφορείο.
Περιμένουν μαζί με τα άλλα παιδιά.
Το λεωφορείο **δεν αργεί** να έρθει.
Στις εννιά τα παιδιά είναι στο σχολείο. ☺

## λεξιλόγιο - vocabulary

**ξυπνούν** - they wake up
   **ξυπνώ** (2) - I wake up
**κάποτε** - sometimes
**τα παίρνει ο ύπνος** - they continue sleeping
**να σηκωθείτε** - to get up
   **σηκώνομαι** (4) - I get up
**νυσταγμένη** - sleepy
**να κοιμηθεί** - to sleep
   **κοιμούμαι** (4) - I sleep
**τα λεπτά** - minutes
**μερικές** - some
**οι φρυγανιές** - toasted bread
**η στάση** - bus stop
**περιμένουν** - they wait
   **περιμένω** (1) - I wait
**δεν αργεί** - does not take long
   **αργώ** (3) - I take long

**κοιμούμαι** (4) - I sleep
**ξυπνώ** (2) - I wake
**πηγαίνω στο κρεβάτι** - I go to bed
**νυστάζω** (1) - I am sleepy

## γραμματική - grammar

### Verbs - Past Simple tense

The Past Simple tense - shows an action that happened in the past.

These verbs show that we do something now:

**τρώω, παίζω, τρέχω, διαβάζω, γράφω**

If we wish to show something that happened in the past we say:

| | | | |
|---|---|---|---|
| **τρώω** (1) | I eat | **έφαγα** | I ate |
| **παίζω** (1) | I play | **έπαιξα** | I played |
| **τρέχω** (1) | I run | **έτρεξα** | I ran |
| **διαβάζω** (1) | I read | **διάβασα** | I read |
| **γράφω** (1) | I write | **έγραψα** | I wrote |

We conjugate Group 1 Verbs:

| | | | | |
|---|---|---|---|---|
| εγώ | έφαγα | I ate | διάβασα | I read |
| εσύ | έφαγες | you ate | διάβασες | you read |
| αυτός, αυτή, αυτό | έφαγε | he, she, it ate | διάβασε | he, she, it read |
| εμείς | φάγαμε | we ate | διαβάσαμε | we read |
| εσείς | φάγατε | you ate | διαβάσατε | you read |
| αυτοί | έφαγαν | they ate | διάβασαν | they read |

## Το βράδυ στο σπίτι

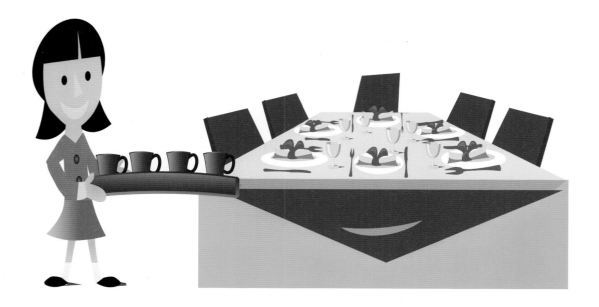

H Μαργαρίτα βοηθά τη μαμά **να στρώσει το τραπέζι**.
Της αρέσει να βοηθά τη μαμά.
Της αρέσει ακόμα να στρώνει το τραπέζι.
**Συνήθως** η οικογένεια τρώει στην κουζίνα.
Όταν έχουν **ξένους**, τρώνε στην τραπεζαρία.

Η Μαργαρίτα πρώτα **απλώνει** στο τραπέζι ένα **τραπεζομάντηλο**.

Ύστερα **βάζει** έξι πιάτα, ένα για τον **καθένα**: για τον πατέρα, τη
μητέρα, τον παππού, τη γιαγιά, τον Νίκο κι ένα δικό της.
Μετά βάζει τα μαχαίρια και τα πιρούνια.

Ρωτά τη μαμά:
- Μαμά, θα έχουμε **σούπα απόψε**;
Η μαμά απαντά:
- Όχι, απόψε δεν έχουμε σούπα.

Έτσι **δεν χρειάζονται** κουτάλια της σούπας.

Βάζει τα πιρούνια **αριστερά** από το πιάτο και τα μαχαίρια **δεξιά**.

Βάζει ποτήρια για νερό.

Οι μεγάλοι θα πιουν καφέ ή τσάι, γι' αυτό βάζει τέσσερα **φλιτζάνια** με μικρά κουταλάκια.

Το τραπέζι είναι τώρα έτοιμο.

- Μπράβο, λέει η μαμά στη Μαργαρίτα. Σε ευχαριστώ.

Είσαι καλή **νοικοκυρούλα**. ☺

## λεξιλόγιο - vocabulary

**να στρώσει το τραπέζι** - to set the table

**συνήθως** - usually

**ξένους** - guests

**απλώνει** - she spreads

   **απλώνω** (1) - I spread

**το τραπεζομάντηλο** - tablecloth, cover

**βάζει** - she puts, she places

   **βάζω** (1) - I put, I place

**καθένα** - each one

**η σούπα** - soup

**απόψε** - this evening, tonight

**δεν χρειάζονται** - they are not needed

**αριστερά** - to the left, left

**δεξιά** - to the right, right

**τα φλιτζάνια** - cups

   **το φλιτζάνι** - cup

**η νοικοκυρούλα** - young housekeeper

**το μαχαίρι** - knife
**το πιρούνι** - fork
**το κουτάλι** - spoon
**το τραπεζομάντηλο** - tablecloth
**το φλιτζάνι** - cup
**δεξιά** - right
**αριστερά** - left

## γραμματική - grammar

### Masculine Words

Words with **ο** are masculine words.

Some end in:     **-ας**     **-ης**

The **-ας** and **-ης** in the plural is changed to **-ες**.

**ο** πατέρας - **οι** πατέρες          father - fathers
**ο** πίνακας - **οι** πίνακες          blackboard - blackboards
**ο** μαθητής - **οι** μαθητές          pupil - pupils
**ο** ναύτης - **οι** ναύτες          sailor - sailors

43

### *Η μητέρα βοηθά τα παιδιά*

Τα παιδιά, όταν **τελειώνουν** το φαγητό τους, **κάνουν τον σταυρό τους**, πλένουν τα χέρια τους και ύστερα κάθονται να διαβάσουν τα μαθήματά τους.

- Αύριο έχουμε ελληνικό σχολείο, λέει η Μαργαρίτα.
- Τότε πρέπει να διαβάσετε, λέει η μητέρα.

Τα παιδιά παίρνουν τα βιβλία τους και κάθονται κοντά στη μητέρα.
Αυτή τα **βοηθά** στην **ανάγνωση**.

Τους *εξηγεί* τις λέξεις που δεν ξέρουν.
Τα παιδιά διαβάζουν για **αρκετή** ώρα. Ύστερα λένε
καληνύχτα και πηγαίνουν να κοιμηθούν. Πρώτα όμως,
**βουρτσίζουν τα δόντια** τους και κάνουν την προσευχή τους. ☺

## λεξιλόγιο - vocabulary

**τελειώνουν** - they finish
  **τελειώνω** (1) - I finish
**κάνουν τον σταυρό τους** - they make the sign of the cross
  **κάνω τον σταυρό μου** - I make the sign of the cross
**βοηθά** - she helps
  **βοηθώ** (2) - I help
**η ανάγνωση** - reading
**εξηγεί** - she explains
  **εξηγώ** - (3) I explain
**αρκετή** - enough
**βουρτσίζουν** - they brush
  **βουρτσίζω** (1) - I brush
**τα δόντια** - teeth
  **το δόντι** - tooth

45

## Review of Groups 1 and 2 Verbs

| | **Group 1** | | | **Group 2** | |
|---|---|---|---|---|---|
| εγώ | παίζω | I play | πηδώ | I jump |
| εσύ | παίζεις | you play | πηδάς | you jump |
| αυτός, αυτή, αυτό | παίζει | he, she, it plays | πηδά | he, she, it jumps |
| εμείς | παίζουμε | we play | πηδούμε | we jump |
| εσείς | παίζετε | you play | πηδάτε | you jump |
| αυτοί, αυτές, αυτά | παίζουν | they play | πηδούν | they jump |

## Past Continuous tense - Group 1

The Past Continuous tense - shows an action that was continuing in the past.

We conjugate Group 1 Verbs:

| **τρώω** (1) | **έτρωγα** | | **γράφω** (1) | **έγραφα** | |
|---|---|---|---|---|---|
| έτρωγα | I was eating | | έγραφα | I was writing |
| έτρωγες | you were eating | | έγραφες | you were writing |
| έτρωγε | he, she, it was eating | | έγραφε | he, she, it was writing |
| τρώγαμε | we were eating | | γράφαμε | we were writing |
| τρώγατε | you were eating | | γράφατε | you were writing |
| έτρωγαν | they were eating | | έγραφαν | they were writing |

# Μάθημα δέκατο τρίτο - Lesson 13

## Η Ημέρα του ΟΧΙ

**Η** Μαργαρίτα ρωτά τον παππού:
Παππού, τι είναι "η Ημέρα του ΟΧΙ";
- Γιατί ρωτάς, Μαργαρίτα;
- Η δασκάλα μάς είπε να μάθουμε κάτι για την ημέρα
αυτή και να το πούμε αύριο στην τάξη.
- Καλά έκανες και με ρώτησες, λέει ο παππούς. Εγώ ξέρω
πολλά γι' αυτή τη μέρα.
- Πώς τα ξέρεις, παππού;
- Τα ξέρω, γιατί **πολέμησα** στον **πόλεμο** αυτόν. Άκουσε λοιπόν:

Ήταν πρωί, 28 του **Οκτώβρη**, ο χρόνος 1940
(χίλια εννιακόσια σαράντα).
Τότε **ήμουν** 22 χρονών και **ζούσα** στο **χωριό**
με τον πατέρα, τη μητέρα και τα αδέλφια μου.

*Ξαφνικά,* ακούμε στο *ραδιόφωνο*: Η Ελλάδα είναι σε πόλεμο με την Ιταλία. Σήμερα το πρωί *οι Ιταλοί ζήτησαν* από την Ελλάδα *να παραδοθεί.*
Η Ελλάδα όμως τους είπε με δυνατή *φωνή* "ΟΧΙ".
Πολεμήσαμε *γενναία* και *διώξαμε* τους Ιταλούς.
Τους *ρίξαμε* στη θάλασσα.

- Πολέμησες κι εσύ, παππού;
- Ναι, πολέμησα. Μια *σφαίρα* με *πλήγωσε* στο πόδι. *Ευτυχώς έγινα* καλά.

Από τότε, κάθε χρόνο η Ελλάδα *γιορτάζει* την 28η Οκτωβρίου, την Ημέρα του ΟΧΙ, σαν μια δεύτερη *εθνική γιορτή*. ☺

---

## λεξιλόγιο - vocabulary

**πολέμησα** - I fought
  **πολεμώ** (2) - I fight
**ο πόλεμος** - war
**ο Οκτώβρης** - October
**ήμουν** - I was
  **είμαι** - I am
**ζούσα** - I was living
  **ζω** (3) - I live
**το χωριό** - village
**ξαφνικά** - suddenly
**το ραδιόφωνο** - radio
**οι Ιταλοί** - Italians
**ζήτησαν** - they demanded
  **ζητώ** (2) - I demand, I ask
**να παραδοθεί** - to surrender
**η φωνή** - voice

48

## λεξιλόγιο - vocabulary (con't)

**γενναία** - bravely
**διώξαμε** - we chased away
  **διώχνω** (1) - I chase away
**ρίξαμε** - we threw
  **ρίχνω** (1) - I throw
**η σφαίρα** - bullet
**πλήγωσε** - it wounded
  **πληγώνω** (1) - I wound
**ευτυχώς** - fortunately
**έγινα** - I became
  **γίνομαι** (4) - I become
**γιορτάζει** - it celebrates
  **γιορτάζω** (1) - I celebrate
**η εθνική γιορτή** - national day

## γραμματική - grammar

### Review of Group 3 Verbs

| εγώ | ζω* | I live |
|---|---|---|
| εσύ | ζεις | you live |
| αυτός, αυτή, αυτό | ζει | he, she, it lives |
| εμείς | ζούμε | we live |
| εσείς | ζείτε | you live |
| αυτοί, αυτές, αυτά | ζουν | they live |

*Note that the verb ζω belongs to Group 3 verbs which are accented on the last syllable. Since ζω has only one syllable, the accent is omitted.

## *Στην εκκλησία*

**K**υριακή πρωί.
    Η οικογένεια **ετοιμάζεται** για την εκκλησία. Τα παιδιά δεν πρέπει να φάνε πρωινό, γιατί **θα κοινωνήσουν**.
Η μαμά φωνάζει στα παιδιά **να ετοιμαστούν**.
Ο Νίκος, όπως πάντα, **γκρινιάζει**. Δεν μπορεί να βρει τα παπούτσια του και η Μαργαρίτα τον πειράζει:
 - Νίκο, κοίταξε, μήπως **τα έβαλες** στο ψυγείο;
Εκείνος **θυμώνει** και **φοβερίζει**:
- **Θα σου δείξω** εγω, Μαργαρίτα, λέει.

Μπαίνουν στο αυτοκίνητο και φεύγουν για την εκκλησία.
Ο παππούς λέει στον Νίκο να μην είναι **θυμωμένος** και του δίνει δυο δολάρια:
Ένα για να ανάψει **κερί** και με το άλλο να πάρει πατατάκια.

Μπαίνουν στην εκκλησία.

Ανάβουν το κεράκι τους και κάνουν τον σταυρό τους.

Τα παιδιά πηγαίνουν στο **κατηχητικό σχολείο**.

Οι άλλοι κάθονται στα **καθίσματα** κι ακούουν τη **Θεία Λειτουργία**.

Στο τέλος κοινωνούν και παίρνουν **αντίδωρο**.

Ο Νίκος θέλει δυο κομμάτια αντίδωρο, γιατί πεινά.

Δεν έχει φάει πρωινό.

**Ο ιερέας** του δίνει δυο κομμάτια.

- Πάρε, Νίκο, δυο κομμάτια, γιατί ξέρω πως πεινάς πολύ, του λέει. 😊

---

## λεξιλόγιο - vocabulary

**ετοιμάζεται** - is getting ready
  **ετοιμάζομαι** (4) - I get ready
**θα κοινωνήσουν** - they will receive communion
  **κοινωνώ** (3) - I receive communion
**να ετοιμαστούν** - to get ready
**γκρινιάζει** - he grumbles
  **γκρινιάζω** (1) - I grumble
**τα έβαλες** - you put them
  **βάζω** (1) - I put
**θυμώνει** - he gets angry
  **θυμώνω** (1) - I get angry
**φοβερίζει** - he threatens
  **φοβερίζω** (1) - I threaten
**θα σου δείξω** - I will deal with you later
**θυμωμένος** - angry
**το κερί** - candle

## λεξιλόγιο - vocabulary ( con't)

**το κατηχητικό σχολείο** - Sunday school
**τα καθίσματα** - seats, pews
**η Θεία Λειτουργία** - Divine Liturgy
**το αντίδωρο** - blessed bread
**ο ιερέας** - priest

## γραμματική - grammar

### Past Continuous tense - Group 2

The Past Continuous tense - shows an action that was
continuing in the past.

We conjugate Group 2 Verbs:

| χτυπώ (2) | χτυπούσα | μιλώ (2) | μιλούσα |
|-----------|----------|----------|---------|
| χτυπ**ούσα** | I was hitting | μιλ**ούσα** | I was talking |
| χτυπ**ούσες** | you were hitting | μιλ**ούσες** | you were talking |
| χτυπ**ούσε** | he, she, it was hitting | μιλ**ούσε** | he, she, it was talking |
| χτυπ**ούσαμε** | we were hitting | μιλ**ούσαμε** | we were talking |
| χτυπ**ούσατε** | you were hitting | μιλ**ούσατε** | you were talking |
| χτυπ**ούσαν** | they were hitting | μιλ**ούσαν** | they were talking |

## *Στα μαγαζιά*

Η μητέρα πηγαίνει με τα παιδιά στα **μαγαζιά**. Θέλουν **να αγοράσουν** ρούχα, παπούτσια κι άλλα πράγματα για το σχολείο.

Τα μαγαζιά είναι στην πόλη.

Είναι μεγάλα κι έχουν πολλά και ωραία πράγματα.

Από ένα μαγαζί αγοράζουν παπούτσια τέννις για το σχολείο και καλά παπούτσια για την εκκλησία.

Από ένα άλλο μαγαζί αγοράζουν **ζακέτες**, μια πράσινη για τη Μαργαρίτα και μια μπλε για τον Νίκο.

Ο Νίκος θέλει δυο ηλεκτρονικά παιχνίδια και η Μαργαρίτα CD's με ελληνικά τραγούδια.

Να και ένα ελληνικό μαγαζί!

*Πουλά* ελληνικό τυρί, λάδι, ελιές, μακαρόνια, μπισκότα, γιαούρτι, μπακλαβά, κανταΐφι, ελληνικά βιβλία και άλλα πολλά πράγματα.

Η Μαργαρίτα *διαλέγει* μερικά CDs με ελληνική μουσική. Ο Νίκος αγοράζει έναν *τσολιά*. Τον θέλει για το δωμάτιό του. ☺

## λεξιλόγιο - vocabulary

**τα μαγαζιά** - shops
**το μαγαζί** - shop
**να αγοράσουν** - to buy
**αγοράζω** (1) - I buy
**οι ζακέτες** - jackets
**η ζακέτα** - jacket
**πουλά** - it sells
**πουλώ** (2) - I sell
**διαλέγει** - she picks
**διαλέγω** (1) - I pick
**ο τσολιάς** - evzone

## μελέτη λέξεων - word study

**το μαγαζί** - shop
**αγοράζω** (1) - I buy          Στο μαγαζί αγοράζω πράγματα.
**πουλώ** (2) - I sell          Ο ψαράς πουλάει ψάρια.
**η πόλη** - the city, town          Η οικογένειά μου ζει στην πόλη.

54

**Verbs - Future tenses**

There are two future tenses:

The Future Continuous - shows continuous action
The Future Simple - shows temporary action

The Future Continuous tense is formed:

by putting **θα** in front of the present tense:

| | |
|---|---|
| **τρώω** (1) - I eat | **θα τρώω** - I will be eating |
| **παίζω** (1) - I play | **θα παίζω** - I will be playing |
| **γράφω** (1) - I write | **θα γράφω** - I will be writing |
| **διαβάζω** (1) - I read | **θα διαβάζω** - I will be reading |

We conjugate Group 1 Verbs:

| | | | |
|---|---|---|---|
| **θα τρώω** | I will be eating | **θα παίζω** | I will be playing |
| **θα τρως** | you will be eating | **θα παίζεις** | you will be playing |
| **θα τρώει** | he, she, it will be eating | **θα παίζει** | he, she, it will be playing |
| **θα τρώμε** | we will be eating | **θα παίζουμε** | we will be playing |
| **θα τρώτε** | you will be eating | **θα παίζετε** | you will be playing |
| **θα τρώνε** | they will be eating | **θα παίζουν** | they will be playing |

### *Ένα δέμα*

X **τυπά το κουδούνι** της πόρτας.

Ποιος να είναι;

Πηγαίνει ο πατέρας να δει.

Βλέπει τον **ταχυδρόμο**.

- Έχω ένα **δέμα** για σας, λέει ο ταχυδρόμος.

- Από πού είναι; ρωτά ο πατέρας.

Είναι από την Ελλάδα.

Ο πατέρας **παίρνει** το δέμα και **ευχαριστεί** τον ταχυδρόμο.

**Απ' έξω** το δέμα γράφει: «Για τη Μαργαρίτα και τον Νίκο».

- Α!  Δεν πρέπει να το ανοίξω, λέει ο πατέρας.

Πρέπει να  περιμένω τα παιδιά.

56

Η Μαργαρίτα και ο Νίκος γυρίζουν από το σχολείο.
Ο πατέρας δίνει το δέμα στα παιδιά.
- Από πού είναι, πατέρα;
- Από τον **θείο** σας.

- Εγώ λέω πως είναι σοκολάτες και γλυκίσματα, λέει ο Νίκος.
- Εγώ ξέρω τι είναι, λέει η Μαργαρίτα.  Είναι βιβλία.
Η Μαργαρίτα ανοίγει το δέμα.  Καλά το είπε ότι είναι βιβλία.

Τα παιδιά **βρίσκουν** μέσα στο δέμα τέσσερα βιβλία, δυο
για κάθε παιδί.

- Θα γράψω ένα γράμμα στον θείο Κώστα και θα τον
ευχαριστήσω για τα βιβλία, λέει η Μαργαρίτα.  😊

## λεξιλόγιο - vocabulary

**χτυπά** - he, (she, it) rings
  **χτυπώ** (2) - I hit, I knock, I ring
**το κουδούνι** - bell
**ο ταχυδρόμος** - mailman
**το δέμα** - package
**παίρνει** - he takes
  **παίρνω** (1) - I take
**ευχαριστεί** - he thanks
  **ευχαριστώ** (3) - I thank
**απ' έξω** - outside
**ο θείος** - uncle
**βρίσκουν** - they find
  **βρίσκω** (1) - I find

**ο ταχυδρόμος** - mailman
**το γράμμα** - letter
**το κουδούνι της πόρτας** - the door bell
**το δώρο** - gift
**το δέμα** - package

## γραμματική - grammar

### The Future Simple tense

The Future Simple tense - tells about something that
will happen in the future.

It is formed by **θα** and the Infinitive:

The Infinitive comes from the Past Simple tense. For example:
**τρώγω** - I eat, Past Simple tense - **έφαγα**, Infinitive - **φάει** (3rd person)
**παίζω** - I play, Past Simple tense - **έπαιξα**, Infinitive - **παίξει** (3rd person)

**παίζω** (1) - **θα παίξω**        **τρώω** (1) - **θα φάω**

We conjugate Group 1 Verbs:

| | | |
|---|---|---|
| εγώ | **θα παίξω** | I will play |
| εσύ | **θα παίξεις** | you will play |
| αυτός, αυτή, αυτό | **θα παίξει** | he, she, it will play |
| εμείς | **θα παίξουμε** | we will play |
| εσείς | **θα παίξετε** | you will play |
| αυτοί, αυτές, αυτά | **θα παίξουν** | they will play |

58

## *Το γράμμα του θείου Κώστα*

**M**έσα στο δέμα
είναι ένα γράμμα.
Το γράφει ο θείος Κώστας στα παιδιά:

Αγαπητά μου **ανίψια**,

Είμαι καλά. **Εύχομαι** κι εσείς να είστε καλά.
Σήμερα σας **στέλνω** δώρο τέσσερα ελληνικά βιβλία.
Ξέρω πως πηγαίνετε στο ελληνικό σχολείο και μαθαίνετε
Ελληνικά. Θέλω να διαβάζετε κάθε μέρα λίγο από το κάθε βιβλίο.

Το καλοκαίρι θα σας περιμένω στην Ελλάδα.
Η Ελλάδα μας έχει αλλάξει πολύ.
Ο παππούς **δε θα γνωρίσει** το χωριό του.

59

Ένας καινούριος δρόμος **οδηγεί** από την πόλη στο
χωριό. Όλο το χωριό έχει **ηλεκτρισμό**. Κάθε σπίτι έχει
τηλεόραση, τηλέφωνο, ράδιο, αυτοκίνητο.
**Δεν υπάρχουν** πια **παλιά** σπίτια. Όλα τώρα είναι καινούργια.
Έχουμε ακόμα και σούπερ μάρκετ.

Θα δείτε και την Αθήνα μας. Έγινε τόσο όμορφη.
Έχει καινούριο αεροδρόμιο, καινούργιο μετρό,
(ένα από τα καλύτερα στην Ευρώπη) και ένα καινούργιο
**στάδιο**. Εκεί έγιναν **οι Ολυμπιακοί Αγώνες** το 2004
(δύο χιλιάδες τέσσερα). Θα σας περιμένω το καλοκαίρι.

Σας **χαιρετώ**.

Με αγάπη,
Ο θείος σας Κώστας

λεξιλόγιο - vocabulary

**τα ανίψια** - nephews, nieces
**εύχομαι** (4) - I wish
**στέλνω** (1) - I send
**δε θα γνωρίσει** - he will not recognize
**οδηγεί** - it leads
**ο ηλεκτρισμός** - electricity
**δεν υπάρχουν** - there are not
**τα παλιά** - old
**το στάδιο** - stadium
**οι Ολυμπιακοί Αγώνες** - Olympic Games
**χαιρετώ** (2) - I greet

60

**το γράμμα** - letter
**το δώρο** - gift
**το αεροδρόμιο** - airport
**το χωριό** - village
**το ραδιόφωνο** - radio
**το τηλέφωνο** - telephone
**η τηλεόραση** - television

## γραμματική - grammar

### Possessive of Neuters

Possessive of neuters (Neuters are words with **το**):
The possessive shows possession.

If the word ends in **-ο**, in the possessive **-ο** becomes **-ου**:

**Το** βιβλί**ο** είναι κόκκινο.

Το χρώμα **του** βιβλί**ου** είναι κόκκινο.

If the word ends in **-ι**, the possessive adds **-ου**:

**Το** παιδ**ί** έχει μαύρα μαλλιά.

Τα μαλλιά **του** παιδ**ιού** είναι μαύρα.

## *Το παζλ*

**H** οικογένεια φτιάχνει ένα παζλ.
Όλα *τα κομμάτια* είναι χρωματιστά.
Άλλα μπλε, άλλα πράσινα, πολλά κίτρινα, άλλα
*καφέ* κι άλλα άσπρα και μαύρα.
Καθένας *διαλέγει* ένα χρώμα.
- Εγώ παίρνω τα μπλε, λέει η Μαργαρίτα. Μου αρέσει το μπλε
χρώμα.
- Κι εγώ παίρνω τα πράσινα, λέει ο Νίκος.
Τα άλλα χρώματα τα παίρνουν ο πατέρας και η μητέρα.

Η Μαργαρίτα *ταιριάζει* τα μπλε κομμάτια.
- Νομίζω πως τα κομμάτια αυτά δείχνουν θάλασσα, λέει.
- Τα δικά μου, που είναι καφέ, λέει ο πατέρας, ταιριάζουν στα
δικά σου μπλε. *Τι νομίζεις* πως είναι;

- Ξέρω εγώ, λέει η Μαργαρίτα. Είναι *νησιά*.
- Και τα δικά μου, λέει πάλι η Μαργαρίτα, δείχνουν *ξηρά* με
*βουνά*.

- Σε λίγο θα ξέρουμε τι είναι αυτό το παζλ, λέει η μητέρα.

- Περιμένετε, μην τελειώσετε, φωνάζει η γιαγιά.
Κάτι *έχω ετοιμάσει* για σας.
Η γιαγιά φέρνει ζεστό πόπκορν.

*Στο μεταξύ* το παζλ τελειώνει.
- Βρήκαμε όλα τα κομμάτια, φωνάζει ο Νίκος.
- *Τι δείχνει* το παζλ; ρωτά ο παππούς.
- Την Ελλάδα, φωνάζουν τα παιδιά.
Είναι ο χάρτης της Ελλάδας. ☺

## λεξιλόγιο - vocabulary

**τα κομμάτια** - pieces
**το κομμάτι** - piece
**καφέ** - brown color
**διαλέγει** - he, (she, it) chooses
**διαλέγω** (1) - I pick, I choose
**ταιριάζει** - it matches
**ταιριάζω** (1) - I match
**Τι νομίζεις;** - What do you think?
**τα νησιά** - islands
**το νησί** - island
**η ξηρά** - land
**τα βουνά** - mountains
**το βουνό** - mountain
**έχω ετοιμάσει** - I have prepared
**ετοιμάζω** (1) - I get ready, I prepare
**στο μεταξύ** - meanwhile
**Τι δείχνει;** - What does it show?

## μελέτη λέξεων - word study

| η ξηρά | land | Το αυτοκίνητο τρέχει στη ξηρά.<br>The car runs on land. |
| τo νησί | island | Ένα νησί έχει γύρω γύρω θάλασσα<br>An island is surrounded by sea. |
| τo βουνό | mountain | Η Ελλάδα έχει πολλά βουνά.<br>Greece has many mountains. |

## γραμματική - grammar

### More verbs in the Future Simple tense

| παίζω (1) | Τώρα **παίζω** μπάλα. | Now I play ball. |
| **θα παίξω** | Αύριο **θα παίξω** μπάλα. | Tomorrow I will play ball. |
| γράφω (1) | Τώρα **γράφω έν**α γράμμα. | Now I am writing a letter. |
| **θα γράψω** | Αύριο **θα γράψω** ένα γράμμα. | Tomorrow I will write a letter. |
| ετοιμάζω (1) | Η μαμά **ετοιμάζει** το φαγητό. | Mother prepares the meal. |
| **θα ετοιμάσω** | Αύριο η μαμά **θα ετοιμάσει** ένα νηστήσιμο φαγητό. | Tomorrow mother will prepare a lenten meal. |

## *Το χιόνι*

**X** ιόνι, χιόνι, πολύ χιόνι.
Όλο το βράδυ **χιόνιζε**. Δρόμοι, αυλές, αυτοκίνητα, δέντρα, όλα **σκεπάστηκαν** από χιόνι.
- Σήμερα θα περάσουμε ωραία με το χιόνι, λέει ο πατέρας.
Εγώ δεν έχω **δουλειά** και σεις παιδιά δεν έχετε σχολείο.
**Θα καθαρίσουμε** το χιόνι από το αυτοκίνητο.
Θα παίξουμε **χιονοπόλεμο**.
Θα κάνουμε έναν **χιονάνθρωπο**.

- Εγώ θα σας κάνω μια ζεστή σούπα, λέει η μαμά, για να φάτε, όταν έλθετε μέσα **παγωμένοι**.

- Κι εμείς, τι θα κάνουμε; ρωτά ο παππούς.
- Εσείς **θα είστε** πίσω από το παράθυρο και θα μας βλέπετε που θα παίζουμε με το χιόνι.

Τα παιδιά ντύνονται με ζεστά ρούχα, φορούν **μπότες** και **μάλλινα σκουφιά**. Σε λίγο έρχεται κι ένας φίλος του Νίκου.

Τα παιδιά τρέχουν στο χιόνι σαν **τρελά**.
Παίζουν χιονοπόλεμο!
- Να κάνουμε έναν χιονάνθρωπο, λένε.

Ο πατέρας τα βοηθά. Κάνουν τρεις μπάλες, μια για τα πόδια,
μια για το σώμα και μια μικρότερη για το κεφάλι.
Τού βάζουν στο κεφάλι ένα παλιό καπέλο.
Για μύτη τού βάζουν ένα *καρότο*.
Ωραίος δεν είναι; Τα παιδιά γελούν και κάνουν αστεία.

- Ελάτε να φάτε μια ζεστή σούπα, φωνάζει η μαμά από την πόρτα.
- Κι εγώ θα σας κάνω λουκουμάδες, λέει η γιαγιά. ☺

## λεξιλόγιο - vocabulary

**χιόνιζε** - it was snowing
**σκεπάστηκαν** - they were covered
  **σκεπάζω** (1) - I cover
**η δουλειά** - work
**θα καθαρίσουμε** - we will clean
  **καθαρίζω** (1) - I clean
**ο χιονοπόλεμος** - snowball fight
**ο χιονάνθρωπος** - snowman
**παγωμένοι** - frozen, cold
**θα είστε** - you will be
**οι μπότες** - boots
  **η μπότα** - boot
**τα μάλλινα σκουφιά** - woolen caps
**τρελά** - crazy

**το κρύο** - the cold
**το χιόνι** - snow
**ζεστά ρούχα** - warm clothes
**μάλλινα ρούχα** - woolen clothes
**χιονίζει** - it snows
**χιόνισε** - it snowed

## γραμματική - grammar

**Masculine words**

Words with **ο** are masculine words. They end in: **-ος, -ας, -ης**.

**ο** γιατρ**ός**, **ο** πατέρ**ας**, **ο** μαθητ**ής**

Some end in: **-ους** and **-ες**.

**ο** παππ**ούς**, **ο** καφ**ές**

Those ending in **-ους**, in the plural change **-ους** to **-ούδες**:

**ο** παππ**ούς** - **οι** παππ**ούδες**

Those ending in **-ες**, in the plural change **-ες** to **-έδες**:

**ο** κεφτ**ές** - **οι** κεφτ**έδες**
**ο** καφ**ές** - **οι** καφ**έδες**

## Το χριστουγεννιάτικο δέντρο

**Ε**ίναι Σάββατο πριν τα Χριστούγεννα.
- Ποιος θέλει να έρθει μαζί μου; λέει ο πατέρας.
Πηγαίνω *να αγοράσω* το χριστουγεννιάτικο δέντρο.
- Έρχομαι εγώ, λέει ο Νίκος.
- Έρχομαι κι εγώ, λέει ο παππούς.
- Κάνει πολύ κρύο, παππού, *θα παγώσεις*.
- Όχι δεν παγώνω. *Δε φοβάμαι* το κρύο.

Ο πατέρας, ο παππούς κι ο Νίκος πηγαίνουν στο μέρος που
*πουλούν* τα δέντρα. Διαλέγουν το πιο καλό και σε λίγο
γυρίζουν σπίτι.
Όλοι είναι τώρα έτοιμοι *να στολίσουν* το δέντρο.
- Εγώ και η Μαργαρίτα θα βάλουμε τα *στολίδια του δέντρου*,

λέει ο πατέρας.

- Εγώ θα βάλω **το άστρο**, λέει η μητέρα.

- Κι εγώ **θα ρίξω** πάνω στο δέντρο το χιόνι, λέει ο Νίκος.

- Εγώ τι θα κάνω; ρωτάει ο παππούς.

- Εσύ παππού, θα μας πεις **τα κάλαντα**.  Τα ξέρεις, δεν τα ξέρεις;

- Και η γιαγιά, τι θα κάνει;

- Εγώ, λέει η γιαγιά, **θα ψήσω** ένα **νηστήσιμο** γλύκισμα **χωρίς** αβγά και βούτυρο για να το φάτε, όταν τελειώσετε το στόλισμα του δέντρου.

Πήρε τρεις  ώρες για να στολίσει η οικογένεια το δέντρο.  Η γιαγιά έψησε το γλύκισμα και όλοι κάθισαν γύρω στο τραπέζι και το έφαγαν με **όρεξη**.  ☺

---

## λεξιλόγιο - vocabulary

**να αγοράσω** - to buy

**θα παγώσεις** - you will freeze
  **παγώνω** (1) - I freeze

**δε φοβάμαι** - I am not afraid

**πουλούν** - they sell
  **πουλώ** (2) - I sell

**να στολίσουν** - to decorate
  **στολίζω** (1) - I decorate

**τα στολίδια του δέντρου** - tree decorations

**το άστρο** -  star

**θα ρίξω** - I will throw
  **ρίχνω** (1) - I throw

**τα κάλαντα** - Christmas carols

**θα ψήσω** - I will bake

**νηστήσιμο** - food for fasting

**χωρίς** - without

**η όρεξη** - appetite

**τα Χριστούγεννα** - Christmas
**το δέντρο** - tree
**στολίζω** (1) - I decorate
**το γλύκισμα** - pastry

## γραμματική - grammar

**Possessive of feminine words**

The possessive shows possession.

Feminine words are words that have an **η** in front:

They end in: **-α**, **-η**

In the possessive, they add **-ς**:

**Η** μητέρ**α** έχει ένα ωραίο φόρεμα.
Το φόρεμα **της** μητέρ**ας** είναι ωραίο.

**Η** αυλ**ή** έχει μεγάλα δέντρα.
Τα δέντρα **της** αυλ**ής** είναι μεγάλα.

**Η** γιαγι**ά** φτιάχνει ένα γλύκισμα.
Το γλύκισμα **της** γιαγι**άς** είναι νηστήσιμο.

70

## Τα Χριστούγεννα

Τα παιδιά είναι πολύ χαρούμενα, γιατί **πλησιάζουν** τα Χριστούγεννα. Η δασκάλα μιλάει στα παιδιά για τη **γιορτή** αυτή και τα ρωτάει:

- Σας αρέσουν, παιδιά, τα Χριστούγεννα;
- Μάλιστα, μας αρέσουν πολύ.
- Γιατί σας αρέσουν;
- Γιατί τότε παίρνουμε δώρα, απαντά ο Τάκης.
- Εμένα μου αρέσει το χριστουγεννιάτικο δέντρο με τα χρωματιστά του φωτάκια, λέει ένα κορίτσι.
- Παιδιά, λέει η δασκάλα. Χριστούγεννα δεν είναι μόνο τα δώρα και το χριστουγεννιάτικο δέντρο. Είναι κάτι πιο **σπουδαίο**.

Γιορτάζουμε τη *γέννηση* του Χριστού.
Ο Χριστός ήρθε στον *κόσμο* για μας.
Αγαπούσε πολύ τα παιδιά και πολλές φορές τα *ευλογούσε*.

Ο Χριστός μάς *δίδαξε* πολλά πράγματα. Πρώτα απ' όλα
μας δίδαξε να αγαπάμε και να βοηθάμε ο ένας τον άλλο.

Τα Χριστούγεννα είναι μια χαρούμενη γιορτή.
Τότε στολίζουμε τα σπίτια μας, στολίζουμε ένα
χριστουγεννιάτικο δέντρο, δίνουμε και παίρνουμε δώρα.
Οι νοικοκυρές φτιάχνουν διάφορα γλυκίσματα,
μελομακάρονα, κουραμπιέδες, μπακλαβά, κανταΐφι.

*Συγγενείς* τρώνε και *διασκεδάζουν* μαζί, τραγουδούν
χριστουγεννιάτικα τραγούδια και παίζουν διάφορα παιχνίδια. ☺

## λεξιλόγιο - vocabulary

**πλησιάζουν** - they approach
  **πλησιάζω** (1) - I approach
**η γιορτή** - holiday
**σπουδαίο** - important
**η γέννηση** - birth
**ο κόσμος** - world
**ευλογούσε** - he used to bless
  **ευλογώ** (3) - I bless
**δίδαξε** - he taught
  **διδάσκω** (1) - I teach
**οι συγγενείς** - relatives
**διασκεδάζουν** - they have a good time

72

**ελληνικά γλυκίσματα -** Greek sweets

τα μελομακάρονα
οι κουραμπιέδες
το γαλακτομπούρεκο
ο μπακλαβάς
το κανταΐφι

## γραμματική - grammar

### Future tenses of Verbs

| | |
|---|---|
| Present tense | **εγώ ακούω** (1) - I hear, I listen |
| Future Continuous tense | **εγώ θα ακούω** - I will be hearing, I will be listening |
| Future Simple tense | **εγώ θα ακούσω** - I will hear, I will listen |

| | |
|---|---|
| Present tense | **εγώ λέω** (1) - I say |
| Future Continuous tense | **εγώ θα λέω** - I will be saying |
| Future Simple tense | **εγώ θα πω** - I will say |

---

**Possessive of masculine words ending in: -ος, -ας, -ης**

το **-ος** γίνεται **-ου**

    **ο** θεός - **του** θεού
    **ο** ποταμός - **του** ποταμού
    **ο** θείος - **του** θείου

το **-ης** γίνεται **-η**
(the **-ς** is dropped)

    **ο** μαθητής - **του** μαθητή
    **ο** ναύτης - **του** ναύτη
    **ο** ράφτης - **του** ράφτη

το **-ας** γίνεται **-α**
(the **-ς** is dropped)

    **ο** γίγαντας - **του** γίγαντα
    **ο** χειμώνας - **του** χειμώνα
    **ο** άντρας - **του** άντρα

Examples of the Possessive case:

**Ο ποταμός** έχει καθαρό νερό. - The river has clean water.
Το νερό **του ποταμού** είναι καθαρό. - The water of the river is clean.

**Ο μαθητής** έχει καφέ παπούτσια. - The pupil has brown shoes.
Τα παπούτσια **του μαθητή** είναι καφέ. - The pupil's shoes are brown.

**Τον χειμώνα** κάνει πολύ κρύο. - It is very cold in the winter.
Το κρύο **του χειμώνα** είναι πολύ. - The cold of winter is severe.

74

## Ένα γατάκι

**E**ίναι βράδυ.
Έξω από την πόρτα **ακούεται** ένα «μιάου, μιάου», κι
ένα **γρατσούνισμα**.
Η Μαργαρίτα πηγαίνει κι ανοίγει την πόρτα.
- Ένα γατάκι, λέει. **Έχει χάσει** τον δρόμο του.
Κρυώνει και **τρέμει**.
Θέλει **να μπει μέσα**.

- Μιάου, μιάου, κάνει πάλι το γατάκι, σαν να λέει:
"Πάρε με μέσα, σε παρακαλώ".

- Μαμά, *να το πάρω* μέσα;

- Πρόσεχε, Μαργαρίτα. Είναι καθαρό;

- Φαίνεται καθαρό. *Το λυπάμαι* πολύ. Θα το φέρω μέσα.

- Μα δεν είναι δικό μας. Θα είναι κάποιου άλλου.

- Εγώ θα το φέρω μέσα, κι αν το έχει κάποιος άλλος *θα το ζητήσει*.

- Κι αν δεν το ζητήσει;

- Τότε *θα το κρατήσουμε* εμείς. Πάντα ήθελα να έχω ένα γατάκι.

- *Θα το περιποιείσαι* όμως εσύ, λέει η μαμά.

- Ναι, μαμά, *θα το φροντίζω* πάντα εγώ. Κανένας άλλος.

- Και πώς θα το φωνάζεις;

- Θα το φωνάζω "Μικρούλη", γιατί είναι τόσο μικρό.

## λεξιλόγιο - vocabulary

**ακούεται** - it is heard
**το γρατσούνισμα** - scratch
**έχει χάσει** - it has lost
**τρέμει** - it trembles
**να μπει μέσα** - to come in
**να το πάρω;** - should I take it?
**το λυπάμαι** - I feel sorry for it
**θα το ζητήσει** - he will look for it
**θα το κρατήσουμε** - we will keep it
**θα το περιποιείσαι** - you will be taking care of it

76

## Objective case

Objective case is the case of the object.
Object is the word to which the action of the verb goes.

### Objective case - Masculine words:

| | |
|---|---|
| ο γίγαντας - τον γίγαντα | giant - giant |
| ο μαθητής - τον μαθητή | pupil - pupil |

**Ο πατέρας** είναι καλός.　　　　Father is good.
Αγαπώ **τον** καλό **πατέρα**.　　　I love the good father.

**Ο ουρανός** είναι καθαρός.　　　The sky is clear.
Βλέπω **τον** καθαρό **ουρανό**.　　I see the clear sky.

**Ο γίγαντας** είναι άγριος.　　　The giant is savage.
Φοβάμαι **τον** άγριο **γίγαντα**.　I am scared of the savage giant.

**Ο μαθητής** παίζει ποδόσφαιρο.　The pupil plays soccer.
Βλέπω **τον μαθητή**,　　　　　　I see the pupil
που παίζει ποδόσφαιρο.　　　　　who plays soccer.

## *Η Εικοστή Πέμπτη Μαρτίου*

*Ελευθερία ή Θάνατος!*

Τώρα θα σας πω μια ιστορία.
Μού την είπε ο παππούς μου.
Την είχε ακούσει κι αυτός από
τον δικό του παππού.
Να τι είπε **ο προπάππος** μου:

Ήταν ο χρόνος 1821 (Χίλια οχτακόσια είκοσι ένα).
Τότε ήμουν 25 χρονών και ζούσα σ' ένα μικρό
χωριό στην Πελοπόννησο.
**Κόντευε** η μέρα του Ευαγγελισμού, στις 25 Μαρτίου.
Όλοι έλεγαν πως αυτή η μέρα θα ήταν μια μεγάλη μέρα
για την Ελλάδα.

Το πρωί ντύθηκα με τη φουστανέλλα μου, πήρα *το όπλο* μου και πήγα με τους άλλους *νέους* του χωριού στην εκκλησία.

Η εκκλησία ήταν στο *μοναστήρι* της Αγίας Λαύρας. Ήταν γεμάτη από κόσμο. Οι πιο πολλοί ήταν νέοι. Φορούσαν φουστανέλλες και είχαν στα χέρια τα όπλα τους.

Μόλις τέλειωσε η Λειτουργία, ο *Δεσπότης* πήρε ένα *λάβαρο,* που *έμοιαζε* με σημαία, το σήκωσε ψηλά και φώναξε δυνατά:

- Αδέλφια, *ως πότε* να είμαστε *σκλάβοι* των Τούρκων; Από σήμερα αρχίζει ο πόλεμος.

*Ελευθερία ή Θάνατος!*
*Ή θα ζήσουμε ελεύθεροι ή θα πεθάνουμε.*
*Ζήτω η Επανάσταση! Ζήτω η Ελλάδα!*

Έτσι θυμόταν ο προπάππος μου τη μέρα αυτή. ☺

---

## λεξιλόγιο - vocabulary

**ο προπάππος** - great grandfather
**κόντευε** - it was approaching
  **κοντεύω** (1) - I come near
**το όπλο** - rifle, weapon
**ο νέος** - young man
**το μοναστήρι** - monastery

## λεξιλόγιο - vocabulary (con't)

**ο δεσπότης** - bishop
**το λάβαρο** - banner
**έμοιαζε** - it looked like
  **μοιάζω** (1) - I look alike
**ως πότε** - until when
**οι σκλάβοι** - slaves
  **ο σκλάβος** - slave
**Ελευθερία ή Θάνατος** - Liberty or Death
**θα ζήσουμε** - we will live
**θα πεθάνουμε** - we will die
**Ζήτω!** - Long Live!
**η επανάσταση** - revolution
**οι μάχες** - battles
  **η μάχη** - battle
**ελευθερώθηκε** - she was liberated
  **ελευθερώνομαι** (4) - I am liberated

## γραμματική - grammar

### Review of Group 4 Verbs

| | | |
|---|---|---|
| εγώ | θυμ**άμαι** | I remember |
| εσύ | θυμ**άσαι** | you remember |
| αυτός, αυτή, αυτό | θυμ**άται** | he, she, it remembers |
| εμείς | θυμ**όμαστε** | we remember |
| εσείς | θυμ**άστε** | you remember |
| αυτοί, αυτές, αυτά | θυμ**ούνται** | they remember |

80

# The Greek National Anthem

## Ο Εθνικός Ύμνος της Ελλάδας

ΣΕ ΓΝΩΡΊΖΩ ΑΠΌ ΤΗΝ ΚΌΨΗ
ΤΟΥ ΣΠΑΘΙΟΎ ΤΗΝ ΤΡΟΜΕΡΉ
ΣΕ ΓΝΩΡΊΖΩ ΑΠΌ ΤΗΝ ΌΨΗ
ΠΟΥ ΜΕ ΒΙΑ ΜΕΤΡΆΕΙ ΤΗ ΓΗ.

ΑΠ' ΤΑ ΚΌΚΚΑΛΑ ΒΓΑΛΜΈΝΗ
ΤΩΝ ΕΛΛΉΝΩΝ ΤΑ ΙΕΡΆ
ΚΑΙ ΣΑΝ ΠΡΏΤΑ ΑΝΔΡΕΙΩΜΈΝΗ
ΧΑΊΡΕ, Ω ΧΑΊΡΕ, ΛΕΥΤΕΡΙΆ.

## *Ο χορός*

Τ ο ελληνικό σχολείο απόψε έχει **χορό** και η Μαργαρίτα θα πάει στον χορό με την οικογένειά της.
Μόνο ο παππούς δε θα πάει.

- Τι να πάω να κάνω, λέει.  Εγώ δε **χορεύω**.  Δεν μπορώ, **πονούν** τα πόδια μου.  Θα μείνω στο σπίτι.
- Εγώ θα πάω, λέει η γιαγιά.  Δε θα χορέψω, μα μου αρέσει να βλέπω τους άλλους να χορεύουν.
Η Μαργαρίτα είναι όλο χαρά, γιατί θα χορέψει ελληνικούς χορούς με τα άλλα κορίτσια του σχολείου.
Στο σχολείο, μαζί με τα άλλα μαθήματα, μαθαίνουν και

ελληνικούς χορούς. Κάθε φορά που έχουν μάθημα η
δασκάλα για δέκα *λεπτά* τους **διδάσκει** χορό.
Έχουν μάθει πολλούς από τους ελληνικούς χορούς.

Και τι ωραία που χορεύουν!
Έχουν **πολύχρωμες** ελληνικές **στολές** που κάνουν τα
κορίτσια να φαίνονται ακόμα πιο όμορφα.
Και πόσο **χαριτωμένα** χορεύουν!

Όλος ο κόσμος **θαύμασε** τα αγόρια και τα κορίτσια όταν
χόρεψαν ελληνικούς χορούς. Και οι μεγάλοι όμως χόρεψαν
τους χορούς: συρτάκι, πεντοζάλι, καλαματιανό, τσάμικο. ☺

---

### λεξιλόγιο - vocabulary

**ο χορός** - dance
**χορεύω** (1) - I dance
**πονούν** - they ache
  **πονώ** (3) - I am in pain
**τα λεπτά** - minutes
  **το λεπτό** - minute
**διδάσκει** - she teaches
  **διδάσκω** (1) - I teach
**πολύχρωμες** - colorful
**οι στολές** - uniforms, costumes
**χαριτωμένα** - gracefully
**θαύμασε** - it admired
  **θαυμάζω** (1) - I marvel, I admire

## μελέτη λέξεων - word study

**ο χορός** - dance
**χορεύω** (1) - I dance
**η στολή** - uniform, costume
**διδάσκω** (1) - I teach

## γραμματική - grammar

### Objective case

The Objective case is the case of the object.
Object is the word to which the action of the verb goes.

Objective case - Feminine and Neuter words:*

| | |
|---|---|
| **η αυλή - την αυλή** | **το μάτι - το μάτι** |
| **η κόρη - την κόρη** | **το βιβλίο - το βιβλίο** |

*Feminine and Neuter words don't change in the Objective case.

Λέμε - We say:

| | |
|---|---|
| **Η μητέρα** είναι καλή. | Mother is good. |
| Αγαπώ **την** καλή **μητέρα**. | I love the good mother. |
| **Η στολή** είναι ελληνική. | The costume is Greek. |
| Φορώ μια ελληνική **στολή**. | I wear a Greek costume. |
| **Το βουνό** είναι χιονισμένο. | The mountain is snow-covered. |
| Βλέπω **το** χιονισμένο **βουνό**. | I see the snow-covered mountain. |
| **Το πουλί** πετάει ψηλά. | The bird flies high. |
| Βλέπω **το πουλί**, που πετάει ψηλά. | I see the bird that flies high. |

84

## *Το Πάσχα*

**E** ίναι Σάββατο *μεσάνυχτα*.
Η εκκλησία είναι γεμάτη από κόσμο.
Όλοι, άντρες, γυναίκες και παιδιά *κρατούν* άσπρες *λαμπάδες*. *Η χορωδία* και *οι ψάλτες ψάλλουν* γλυκά.
Όλα τα φώτα της εκκλησίας *σβήνουν*.

Ξαφνικά ανοίγει *η Ωραία Πύλη* και βγαίνει ο παπάς με μια *αναμμένη* λαμπάδα.
- Ελάτε να πάρετε φως από το φως που ποτέ δεν σβήνει, ψάλλει ο παπάς.
Όλος ο κόσμος ανάβει τις λαμπάδες του και σε λίγα λεπτά η εκκλησία *πλημμυρίζει* από το φως των λαμπάδων.

Ο παπάς διαβάζει *το ευαγγέλιο* κι ένας *χαρμόσυνος* ύμνος *ακούεται* μέσα κι έξω από την εκκλησία:

**Χριστός ανέστη εκ νεκρών, θανάτω θάνατον πατήσας και τοις εν τοις μνήμασι ζωήν χαρισάμενος.**

Οι χριστιανοί χαιρετούν ο ένας τον άλλο:

- Χριστός Ανέστη!
- Αληθώς Ανέστη!

- Έλα Νίκο, *να τσουγκρίσουμε* τα κόκκινα αβγά μας, λέει ο φίλος του Γιώργος.
«Τσουκ, τσουκ», ο Γιώργος και ο Νίκος τσουγκρίζουν τα αβγά.
- *Κέρδισα*, Νίκο. *Έσπασα* το αβγό σου.
- Χριστός Ανέστη, Γιώργο.
- Αληθώς Ανέστη, Νίκο. Και του χρόνου!

## λεξιλόγιο - vocabulary

**τα μεσάνυχτα** - midnight
**κρατούν** - they hold
  **κρατώ** (2) - I hold
**η λαμπάδα** - big candle
**η χορωδία** - choir
**οι ψάλτες** - chanters
  **ο ψάλτης** - chanter
**ψάλλουν** - they chant
  **ψάλλω** (1) - I chant
**σβήνουν** - they put out
  **σβήνω** (1) - I put out

**η Ωραία Πύλη** - the Royal Gate
**αναμμένη** - lighted, lit
**πλημμυρίζει** - it floods
**το ευαγγέλιο** - gospel
**χαρμόσυνος** - joyful
**ακούεται** - it is heard
**να τσουγκρίσουμε** - to strike together
**κέρδισα** - I won
  **κερδίζω** (1) - I gain, win
**έσπασα** - I cracked
  **σπάζω** (1) - I crack, I break

**η λαμπάδα** - large candle
**Χριστός Ανέστη** - Christ is Risen
**Αληθώς Ανέστη** - Truly He is Risen
**τα κόκκινα αβγά** - red eggs

## γραμματική - grammar

### Past Simple tense - Group 2

The Past Simple tense - shows an action that happened in the past.

**αγαπώ** (2) - I love       **πηδώ** (2) - I jump       **χτυπώ** (2) - I hit
**αγάπησα** - I loved       **πήδησα** - I jumped       **χτύπησα** - I hit


We conjugate Group 2 Verbs:

| εγώ | αγάπη**σα** | I loved |
| εσύ | αγάπη**σες** | you loved |
| αυτός, αυτή, αυτό | αγάπη**σε** | he, she, it loved |
| εμείς | αγαπή**σαμε** | we loved |
| εσείς | αγαπή**σατε** | you loved |
| αυτοί, αυτές, αυτά | αγάπη**σαν** | they loved |

87

## *Λουλούδια για τη μητέρα*

μαμά

-E υχαριστώ πολύ παιδιά μου.
Με κάνετε **να χαίρομαι** πάρα πολύ.
Να είστε καλά.
Ξέρω ότι είστε καλά παιδιά και με αγαπάτε.
Αυτά λέει η μητέρα στα δυο της παιδιά, τη Μαργαρίτα
και τον Νίκο.

Είναι **η *Γιορτή της Μητέρας***.
Πάνω στο τραπέζι της τραπεζαρίας είναι μια
***ανθοδέσμη*** με κόκκινα ***τριαντάφυλλα***.
Και δίπλα μια κάρτα με τα λόγια:

> ***Στην αγαπημένη μας μητέρα,***
>
> ***Για τη Γιορτή Σου, Χρόνια Πολλά.***

Δίπλα στην κάρτα είναι ένα δώρο.

- Αυτό το δώρο είναι για σένα, μητέρα.  Άνοιξέ το.

Η μητέρα ανοίγει το δώρο.

Μέσα είναι μια ωραία, **μεταξωτή μπλούζα**, και μια κάρτα
που λέει:

> **Για τη μητέρα μας,**
> **Με όλη μας την αγάπη.**

Τα παιδιά τρέχουν και φέρνουν ένα άλλο δώρο.

- Αυτό είναι για τη γιαγιά μας.

Είναι κι αυτή μητέρα μας.

- Χρόνια Πολλά, γιαγιά.  Σε ευχαριστούμε για ό,τι κάνεις για
μας.

Σε ευχαριστούμε για την αγάπη σου, **την περιποίηση**, τα
φαγητά που μας ετοιμάζεις κι ακόμα για τους λουκουμάδες
που κάνεις.  ☺

## λεξιλόγιο - vocabulary

**το λουλούδι** - flower
**να χαίρομαι** - to be happy, joyful
**η Γιορτή της Μητέρας** - Mother's Day
**η ανθοδέσμη** - bouquet
**το τριαντάφυλλο** - rose
**η μεταξωτή μπλούζα** - silk blouse
**η περιποίηση** - kind treatment, good care

**η Γιορτή της Μητέρας** - Mother's Day
**το λουλούδι** - flower
**το τριαντάφυλλο** - rose
**ευχαριστώ** (3) - I thank

## γραμματική - grammar

### Masculine Words

Words with **o** are masculine words.
They end in: **-ος, -ας, -ης,-ους, -ες**.

Some masculine nouns ending in **-ας** have a
different plural than the ones we studied before.

In this group, **-ας** becomes **-άδες**:

> **ο** ψαρ**άς** - fisherman
> **οι** ψαρ**άδες** - fishermen
>
> **ο** ψωμ**άς** - baker
> **οι** ψωμ**άδες** - bakers
>
> **ο** βασιλι**άς** - king
> **οι** βασιλι**άδες** - kings

## Στον ζωολογικό κήπο

**E** ίναι Σάββατο. Ο πατέρας δεν έχει δουλειά.
Τα παιδιά δεν έχουν σχολείο. Είναι μια ωραία
μέρα για **εκδρομή** στον **ζωολογικό κήπο**.
Ο παππούς και η γιαγιά μένουν σπίτι. Δεν μπορούν να
περπατούν για πολλή ώρα. **Κουράζονται**.

Η οικογένεια φτάνει στον κήπο κι αρχίζει την **περιοδεία**.
Πρώτα στη γραμμή είναι τα **λιοντάρια** και οι **τίγρεις**.
Είναι **ξαπλωμένα** στο ήλιο και **λιάζονται**.
- Εμένα μου αρέσουν τα λιοντάρια, λέει ο Νίκος.
- Ναι, λέει ο πατέρας. Το λιοντάρι είναι **ο βασιλιάς** των ζώων.

Πηγαίνουν ύστερα να δουν **τα φίδια**.
- Εγώ δεν έρχομαι, λέει η Μαργαρίτα. Φοβάμαι τα φίδια.
Είναι **άσχημα** και κρύα.

Στη σειρά βλέπουν τους **ελέφαντες**. Είναι πολύ μεγάλα ζώα.

Να και **ο ιπποπόταμος**!
- Ξέρετε παιδιά ότι η λέξη "hippopotamus" είναι ελληνική λέξη;
λέει ο πατέρας. Ίππος σημαίνει "horse" και ποταμός "river".
Έτσι, ιπποπόταμος είναι ο ίππος του ποταμού (the horse of
the river).

Γυρίζουν για πολλή ώρα και βλέπουν κι άλλα ζώα, την
**καμηλοπάρδαλη**, τα **ελάφια,** τις **αρκούδες** και πολλά **πουλιά**.
Είναι μεσημέρι. Τα παιδιά πεινούν πολύ.
Πριν γυρίσουν σπίτι, κάθονται στη καφετέρια, και τρώνε ένα
ωραίο και νόστιμο **γεύμα**. ☺

---

### λεξιλόγιο - vocabulary

**η εκδρομή** - field trip
**ο ζωολογικός κήπος** - zoo
**κουράζονται** - they get tired
　**κουράζομαι** (4) - I get tired
**η περιοδεία** - tour
**το λιοντάρι** - lion
**η τίγρη** - tiger
**ξαπλωμένα** - lying down
　**ξαπλώνω** (1) - I lie down
**λιάζονται** - they sun themselves
　**λιάζομαι** (4) - I sit in the sun, sunbathe
**ο βασιλιάς** - king

## λεξιλόγιο - vocabulary (con't)

**τα φίδια** - snakes
*άσχημα* - ugly
**ο ελέφαντας** - elephant
**ο ιπποπόταμος** - hippopotamus
**η καμηλοπάρδαλη** - giraffe
**το ελάφι** - deer
**η αρκούδα** - bear
**τα πουλιά** - birds
**το γεύμα** - lunch, meal

## γραμματική - grammar

### Masculine Words

Words with **ο** are masculine words.

They end in: **-ος, -ας, -ης,-ους, -ες**.

Some masculine nouns ending in **-ης** have a different plural than the ones we studied before.

In this group, **-ης** becomes **-ήδες**:

ο παπουτσής - shoemaker
οι παπουτσήδες - shoemakers

ο καφετζής - coffee-shop keeper
οι καφετζήδες - coffee-shop keepers

ο ταξιτζής - taxi driver
οι ταξιτζήδες - taxi drivers

## Στο σινεμά

Η οικογένεια βλέπει μια ελληνική **ταινία**.
Μια ταινία για τον πιο μεγάλο **ήρωα** της αρχαίας
Ελλάδας, τον Ηρακλή.

Η ταινία αρχίζει:
Ο Ηρακλής είναι **μωρό** στην **κούνια** του.
Δυο φίδια **πλησιάζουν** και **προσπαθούν** να τον **δαγκάσουν**.
Ο Ηρακλής τα παίρνει στα δυνατά του χέρια και τα **πνίγει**.

Ο Ηρακλής μεγαλώνει. Αγαπά και βοηθά όλους τους ανθρώπους.
Ένα **φοβερό** λιοντάρι **τρομοκρατεί** τον κόσμο και τρώει
πρόβατα και βόδια.
Ο Ηρακλής το σκοτώνει με **το ρόπαλό** του.

Να και μια **νεροφίδα** με εννιά κεφάλια. Ζει μέσα σε μια λίμνη.
Οι άνθρωποι παρακαλούν τον Ηρακλή να τους **προστατέψει**
από το φίδι αυτό.
Ο Ηρακλής πηγαίνει στη λίμνη και κάνει το φίδι να βγει έξω
από το νερό. Με **το σπαθί** του κόβει ένα ένα τα κεφάλια του.

Μερικά πουλιά έχουν **φτερά** από **σίδερο**.
Τρώνε **τα κοπάδια** και φοβίζουν τους ανθρώπους.
Ο Ηρακλής τα σκοτώνει και αυτά με **τα βέλη** του.
Κάνει και άλλα **κατορθώματα**.

Όλοι μένουν ευχαριστημένοι από την ταινία με τον Ηρακλή.
Ο πατέρας **κερνά** όλους με βραδινό φαγητό στο ελληνικό
**εστιατόριο**, που είναι κοντά στο σινεμά. ☺

### λεξιλόγιο - vocabulary

**η ταινία** - film
**ο ήρωας** - hero
**το μωρό** - baby
**η κούνια** - crib
**πλησιάζουν** - they approach
**προσπαθούν** - they try
**να δαγκάσουν** - to bite
**πνίγει** - he chokes
**φοβερό** - fearsome
**τρομοκρατεί** - it terrifies
**το ρόπαλο** - club
**η νεροφίδα** - water snake
**να προστατέψει** - to protect
**το σπαθί** - sword

## λεξιλόγιο - vocabulary (con't)

**τα φτερά** - wings, feathers
**το σίδερο** - steel, iron
**τα κοπάδια** - herds
**τα βέλη** - arrows
**τα κατορθώματα** - labors
**κερνά** - he treats
**το εστιατόριο** - restaurant

## γραμματική - grammar

### Past tense - Group 3 Verbs

| | |
|---|---|
| Present tense | **εγώ μπορώ** (3) - I can, I am able |
| Past Continuous tense | **εγώ μπορούσα** - I was being able |
| Past Simple tense | **εγώ μπόρεσα** - I was able |

We conjugate Group 3 Verbs:

| | Present tense | Past Continuous | Past Simple |
|---|---|---|---|
| εγώ | μπορώ (3) | μπορούσα | μπόρεσα |
| εσύ | μπορείς | μπορούσες | μπόρεσες |
| αυτός, αυτή, αυτό | μπορεί | μπορούσε | μπόρεσε |
| εμείς | μπορούμε | μπορούσαμε | μπορέσαμε |
| εσείς | μπορείτε | μπορούσατε | μπορέσατε |
| αυτοί, αυτές, αυτά | μπορούν | μπορούσαν | μπόρεσαν |

96

## *Ο Θεός*

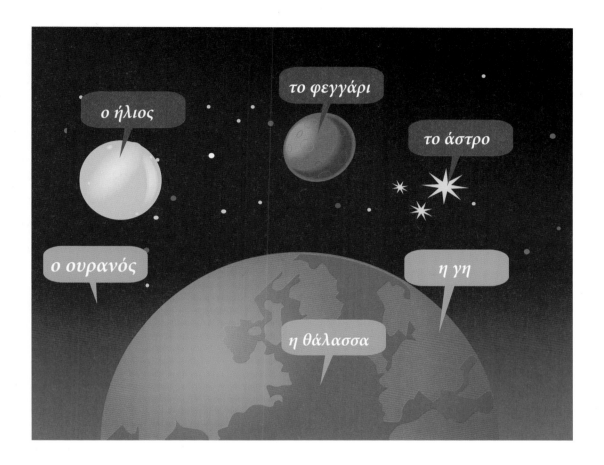

**E** ίναι μια ωραία, **δροσερή** βραδιά.
Κανένα **σύννεφο** στον ουρανό.
Είναι **ξαστεριά** και **φαίνονται** χιλιάδες άστρα.
Η μητέρα, τα παιδιά, ο παππούς και η γιαγιά κάθονται στη **βεράντα**
του σπιτιού. Από εκεί μπορούν να δουν όλο τον ουρανό.

Σε μια στιγμή ο Νίκος ρωτά:
- Μαμά, ποιος έκανε τον ουρανό και τα άστρα; Οι άνθρωποι;
- Όχι, λέει η μαμά. Οι άνθρωποι δεν μπορούσαν να κάνουν τον
ουρανό και τα άστρα.

- Τότε ποιος τα έκανε;

- **Ο Θεός**. Όλα αυτά που βλέπουμε, τη **γη**, τον ουρανό, τα άστρα, τον ήλιο, το φεγγάρι, τη θάλασσα, και εκείνα που δεν βλέπουμε, όλα τα έκανε ο Θεός. Ο Θεός έκανε κι εμάς τους ανθρώπους, έκανε τα ζώα, και τα πουλιά.

- Και πού μένει ο Θεός;

- Πάνω, πολύ ψηλά στον ουρανό. Ο Θεός είναι **αόρατος**. Εμείς δεν μπορούμε να τον δούμε, αλλά εκείνος μας βλέπει, μας προσέχει, μας βοηθά, μας θέλει πάντοτε να είμαστε καλοί άνθρωποι, και καλά παιδιά.

Μας θέλει να κάνουμε το καλό, **να προσευχόμαστε**, να πηγαίνουμε στην εκκλησία, να βοηθούμε τους άλλους ανθρώπους. 😊

---

## λεξιλόγιο - vocabulary

**δροσερός** - cool, refreshing
**το σύννεφο** - cloud
**η ξαστεριά** - clear sky
**φαίνονται** - can be seen, are visible
**η βεράντα** - porch
**ο Θεός** - God
**η γη** - earth
**αόρατος** - invisible
**να προσευχόμαστε** - to pray
  **προσεύχομαι** (4) - I pray

**η γη** - earth
**ο ουρανός** - sky
**η θάλασσα** - sea
**ο ήλιος** - sun
**το φεγγάρι** - moon
**το άστρο** - star

## γραμματική - grammar

### Review of Group 4 Verbs

| εγώ | προσεύχ**ομαι** (4) | I pray |
|---|---|---|
| εσύ | προσεύχ**εσαι** | you pray |
| αυτός, αυτή, αυτό | προσεύχ**εται** | he, she, it prays |
| εμείς | προσευχ**όμαστε** | we pray |
| εσείς | προσεύχ**εστε** | you pray |
| αυτοί, αυτές, αυτά | προσεύχ**ονται** | they pray |

## *Σκέψεις της Μαργαρίτας*

Τώρα που τελειώνει το σχολείο, η Μαργαρίτα μιλά με **τον εαυτό της** και λέει:

- Είμαι ένα χαρούμενο και **ευτυχισμένο** κορίτσι. Έχω έναν πατέρα και μια μητέρα που με αγαπούν πολύ.

Μου δίνουν **ό,τι** θέλω: ρούχα, παπούτσια, βιβλία, δώρα.

Με βοηθούν στα μαθήματά μου.

Αγαπώ τον αδελφό μου, τον Νίκο. Είναι καλό παιδί.

Έχω κοντά μου τον παππού και τη γιαγιά.

Ο παππούς μού λέει ιστορίες και πολλές φορές μου δίνει **λεφτά** να αγοράσω διάφορα πράγματα: ένα καπέλο, μια **τσάντα**, ένα βιβλίο, μια σοκολάτα, ένα παγωτό, ένα γλύκισμα.

Η γιαγιά μαγειρεύει τα φαγητά που μ' αρέσουν: παστίτσιο και μουσακά. Κάνει τυρόπιτες, σπανακόπιτες, και λουκουμάδες για μένα και τις φίλες μου.

Εγώ και οι φίλες μου πάμε στο σινεμά σχεδόν κάθε Σάββατο απόγευμα. Τον χειμώνα, όταν χιονίζει, πάμε για σκι στο βουνό. Το καλοκαίρι πάμε στο πάρκο και στη θάλασσα για **κολύμπι**.

Δεν **ξεχνώ** όμως και την εκκλησία. Κάθε Κυριακή είμαι εκεί. Πηγαίνω στο κατηχητικό σχολείο. Εκεί μαθαίνω για τη **θρησκεία** μου. Στην εκκλησία ακούω τη Θεία Λειτουργία και τα λόγια του ιερέα.

Τώρα έρχεται το καλοκαίρι. Τα σχολεία κλείνουν και θα έχω πολύ καιρό για παιχνίδι και **ξεκούραση**. Με χαρά θα ξαναπάω στο σχολείο, όταν ξανανοίξει το **φθινόπωρο**. ☺

## λεξιλόγιο - vocabulary

**τον εαυτό της** - herself
**ο εαυτός μου** - myself
**ευτυχισμένο** - happy
**ό,τι** - whatever
**τα λεφτά** - money
**η τσάντα** - purse
**το κολύμπι** - swimming
**ξεχνώ** (2) - I forget
**η θρησκεία** - religion
**η ξεκούραση** - rest
**το φθινόπωρο** - autumn

# Σύντομη Γραμματική - A Brief Grammar

## 1. Το αλφάβητο - The alphabet

| Αα | Ββ | Γγ | Δδ | Εε | Ζζ | Ηη | Θθ | Ιι | Κκ | Λλ | Μμ |
|----|----|----|----|----|----|----|----|----|----|----|----|
| Νν | Ξξ | Οο | Ππ | Ρρ | Σσ,ς | Ττ | Υυ | Φφ | Χχ | Ψψ | Ωω |

## 2. Δίψηφα φωνήεντα - Double vowels

αι    ει    οι    υι    αυ    ευ    ου    ηυ

## 3. Δίψηφα σύμφωνα - Double consonants

μπ    γκ    ντ    τζ    τς

## 4. Άρθρα - Articles                    Πληθυντικός - Plural number

o    η    το                    o - οι    η - οι    το - τα

## 5. Αρσενικά - Masculine words

Τελειώνουν σε:    -ος,         -ας         -ης         -ες         -ους
                  ο άνθρωπος    ο πατέρας   ο μαθητής   ο καναπές   ο παππούς

### Πληθυντικός αριθμός - Plural number

| ο άνθρωπος | -ος | becomes | -οι | οι άνθρωποι |
|------------|-----|---------|-----|-------------|
| ο πατέρας | -ας | | -ες | οι πατέρες |
| ο μαθητής | -ης | | -ες | οι μαθητές |
| ο καναπές | -ες | | -έδες | οι καναπέδες |
| ο παππούς | -ους | | -ούδες | οι παππούδες |

## 6. Θηλυκά - Feminine words

Τελειώνουν σε:    -α          -η         -ος        -ου          -ω
                  η μητέρα    η κόρη     η νήσος    η αλεπού     η Κλειώ

### Πληθυντικός αριθμός - Plural number

| η μητέρα | -α | becomes | -ες | οι μητέρες |
|----------|-----|---------|-----|------------|
| η κόρη | -η | | -ες | οι κόρες |
| η νήσος | -ος | | -οι | οι νήσοι |
| η αλεπού | -ου | | -ούδες | οι αλεπούδες |
| η Κλειώ | -ώ | | | (proper noun, no plural) |

## 7. Ουδέτερα - Neuter words

Τελειώνουν σε:    -ο          -ι         -μα        -ος
                  το βιβλίο   το μολύβι  το μάθημα  το δάσος

### Πληθυντικός αριθμός - Plural number

| το βιβλίο | -ο | becomes | -α | τα βιβλία |
|-----------|-----|---------|-----|-----------|
| το μολύβι | -ι | adds | -α | τα μολύβια |
| το μάθημα | -μα | becomes | -ματα | τα μαθήματα |
| το δάσος | -ος | changes to | -η | τα δάση |

## 8. Ρήματα - Verbs

### The Four Verb Groups:
### Present tense - now

| I write | I hit | I thank | I sit |
|---|---|---|---|
| γράφω (1) | χτυπώ (2) | ευχαριστώ (3) | κάθομαι (4) |
| γράφεις | χτυπάς | ευχαριστείς | κάθεσαι |
| γράφει | χτυπά | ευχαριστεί | κάθεται |
| γράφουμε | χτυπούμε | ευχαριστούμε | καθόμαστε |
| γράφετε | χτυπάτε | ευχαριστείτε | κάθεστε |
| γράφουν | χτυπούν | ευχαριστούν | κάθονται |

### Past Continuous tense

| I was writing | I was hitting | I was thanking | I was sitting |
|---|---|---|---|
| έγραφα | χτυπούσα | ευχαριστούσα | καθόμουν |
| έγραφες | χτυπούσες | ευχαριστούσες | καθόσουν |
| έγραφε | χτυπούσε | ευχαριστούσε | καθόταν |
| γράφαμε | χτυπούσαμε | ευχαριστούσαμε | καθόμαστε |
| γράφατε | χτυπούσατε | ευχαριστούσατε | καθόσαστε |
| έγραφαν | χτυπούσαν | ευχαριστούσαν | κάθονταν |

### Past Simple tense

| I wrote | I hit | I thanked | I sat |
|---|---|---|---|
| έγραψα | χτύπησα | ευχαρίστησα | κάθισα |
| έγραψες | χτύπησες | ευχαρίστησες | κάθισες |
| έγραψε | χτύπησε | ευχαρίστησε | κάθισε |
| γράψαμε | χτυπήσαμε | ευχαριστήσαμε | καθίσαμε |
| γράψατε | χτυπήσατε | ευχαριστήσατε | καθίσατε |
| έγραψαν | χτύπησαν | ευχαρίστησαν | κάθισαν |

### Future Continuous tense

| I will be writing | I will be hitting | I will be thanking | I will be sitting |
|---|---|---|---|
| θα γράφω | θα χτυπώ | θα ευχαριστώ | θα κάθομαι |
| θα γράφεις | θα χτυπάς | θα ευχαριστείς | θα κάθεσαι |
| θα γράφει | θα χτυπά | θα ευχαριστεί | θα κάθεται |
| θα γράφουμε | θα χτυπούμε | θα ευχαριστούμε | θα καθόμαστε |
| θα γράφετε | θα χτυπάτε | θα ευχαριστείτε | θα κάθεστε |
| θα γράφουν | θα χτυπούν | θα ευχαριστούν | θα κάθονται |

### Future Simple tense

| I will write | I will hit | I will thank | I will sit |
|---|---|---|---|
| θα γράψω | θα χτυπήσω | θα ευχαριστήσω | θα καθίσω |
| θα γράψεις | θα χτυπήσεις | θα ευχαριστήσεις | θα καθίσεις |
| θα γράψει | θα χτυπήσει | θα ευχαριστήσει | θα καθίσει |
| θα γράψουμε | θα χτυπήσουμε | θα ευχαριστήσουμε | θα καθίσουμε |
| θα γράψετε | θα χτυπήσετε | θα ευχαριστήσετε | θα καθίσετε |
| θα γράψουν | θα χτυπήσουν | θα ευχαριστήσουν | θα καθίσουν |

# Λεξιλόγιο - *Vocabulary*

A

αβγό, το – egg
αγαπημέν-ος, -η, -ο – dear, beloved
αγαπητ-ός, -ή, -ό – beloved, dear
αγαπώ (2) – I love
αγγλικά, τα – English
αγοράζω (1) – I buy
αγόρι, το – boy
άγρι-ος, -α, -ο – wild, savage
αδελφή, η – sister
αδέλφια, τα – brothers and sisters
αδελφός, ο – brother
αεροδρόμιο, το – airport
αεροπλανάκι, το – airplane, small
αεροπλάνο, το – airplane
αθλητής, ο – athlete
ακόμα – still, yet
ακούω (1) – I hear, I listen
άκρη, η – edge
Αληθώς Ανέστη – Truly He is Risen
αλλά – but
αλλάζω (1) – I change
άλλ-ος, -η, -ο – other, another
άλογο, το – horse
αμερικανικό, το – American
Αμερική, η – America
ανάβω (1) – I light
ανάγνωση, η – reading
αναμμέν-ος, -η, -ο – lighted, lit
ανάσταση, η – resurrection
ανδρειωμέν-ος, -η, -ο – brave
ανθοδέσμη, η – flower bouquet
ανίψι, το – nephew
ανοίγω (1) – I open
αντίδωρο, το – blessed bread
άντρας, ο – man
αόρατ-ος, -η, -ο – invisible
απαντώ (2) – I answer
απέξω – outside
απλώνω (1) – I spread
από – from
απόγευμα, το – afternoon
απόψε – this evening
αργώ (3) – I am late
αρέσω (1) – I like, I am liked
αριστερά – left
αρκετ-ός, -ή, -ό – enough

αρκούδα, η – bear
αρχαί-ος, -α, -ο – ancient
αρχίζω (1) – I start
άσπρ-ος, -η, -ο – white
αστείο, το – joke
άστρο, το – star
άσχημ-ος, -η, -ο – ugly
αταξία, η – disorder, misconduct
άτομο, το – person
αυλή, η – yard
αύριο – tomorrow
αυστηρ-ός, -ή, -ό – strict
αυτοκινητάκι, το – small toy car
αυτοκίνητο, το – car
αυτ-ός, -ή, -ό – this

B

βάζω (1) – I put
βασιλιάς, ο – king
βέλη, τα – arrows
βεράντα, η – porch
βία, η – force
βιβλίο, το – book
βιβλιοθήκη, η – bookcase, library
βιτρίνα, η – showcase
βλέπω (1) – I see
βόδι, το – ox
βοηθώ (2) – I help
βουνό, το – mountain
βουρτσίζω (1) – I brush
βούτυρο, το – butter
βραδιν-ός, -ή, -ό – evening
βράδυ, το – night
βρίσκω (1) – I find

Γ

γάλα, το – milk
γαλακτομπούρεκο, το – Greek sweet
γάτα, η – cat
γατάκι, το – kitten
γελαστ-ός, -ή, -ό – smiling
γελώ (2) – I laugh
γεμάτ-ος, -η, -ο – full
γενναί-ος, -α, -ο – brave
γέννηση, η – birth
γεννιέμαι (4) – I am born
γέρος, ο – old man
γεύμα, το – lunch

γεωγραφία, η – geography
γη, η – earth
για – for
γιαγιά, η – grandmother
γιαούρτι, το – yogurt
γιατί – why, because
γιατρός, ο – doctor
γίγαντας, ο – giant
γίνομαι (4) – I become
Γιορτή της Μητέρας, η – Mother's
    Day
γιορτή, η – holiday, celebration
γκρινιάζω (1) – I grumble
γλύκισμα, το – sweet
γλυκ-ός, -ιά, -ό – sweet
γλώσσα, η – tongue, language
γνωρίζω (1) – I know, I recognize
γονιός, ο – parent
γραβάτα, η – tie
γράμμα, το – letter
γραμμή, η – line
γραφείο, το – office, desk
γράφω (1) – I write
γυμναστήριο, το – gym
γυρίζω (1) – I turn, I return
γύρω – around

Δ

δαγκάνω (1) – I bite
δασκάλα, η – teacher (female)
δείχνω (1) – I show
δέκα – ten
δέμα, το – package
δεν – not
δέντρο, το – tree
δεξιά – right
δεσπότης, ο – bishop
δεύτερ-ος, -η, -ο – second
διαβάζω (1) – I read
διαλέγω (1) – I select, I choose
διασκεδάζω (1) – I have a good time
διάφορ-ος, -η, -ο – different
διδάσκω (1) – I teach
δικ-ός, -ή, -ό – mine
δίπλα – next to
διώχνω (1) – I chase away
δολάριο, το – dollar

δόντι, το – tooth
δουλειά, η – work, job
δρόμος, ο – road, street
δροσερ-ός, -ή, -ό – cool, refreshing
δυνατ-ός, -ή, -ό – strong
δύο, δυο – two
δωμάτιο, το – room
δώρο, το – gift
Ε
εαυτός, ο – self
εβδομάδα, η – week
εγώ – I
εθνική γιορτή, η – national holiday
εικόνα, η – picture
είκοσι – twenty
Εικοστή Πέμπτη Μαρτίου, η – 25th
    of March
είμαι (4) – I am
εκδρομή, η – field trip, excursion
εκεί – there
εκείν-ος, -η, -ο – that
εκκλησία, η – church
ελάφι, το – deer
ελευθερία, η – freedom, liberty
ελευθερώνω (1) – I free
ελέφαντας, ο – elephant
ελιά, η – olive
Ελλάδα, η – Greece
Ελληνικά, τα – Greek
ελληνικ-ός, -ή, -ό – Greek
ελληνοπούλα, η – Greek girl
ελληνόπουλο, το – Greek child,
    Greek boy
εμείς – we
εμένα – me
ένας, μια, ένα – a, an, one
εννιά – nine
εννιακόσια – nine hundred
εξηγώ (3) – I explain
έξι – six
έξυπν-ος, -η, -ο – smart
έξω – outside
επανάσταση, η – revolution
έρχομαι (4) – I come
εσείς – you
εστιατόριο, το – restaurant

εσύ – you
ετοιμάζω (1) – I prepare
έτοιμ-ος, -η, -ο – ready
έτσι – thus
ευαγγέλιο, το – gospel
Ευαγγελισμός, ο – Annunciation
ευλογώ (3) – I bless
ευτυχισμέν-ος, -η, -ο – happy
ευτυχώς – fortunately
ευχαριστώ (3) – I thank
εύχομαι (4) – I wish
εφημερίδα, η – newspaper
έχω (1) – I have
Ζ
ζακέτα, η – jacket
ζαμπόν, το – ham
ζεστ-ός, -ή, -ό – hot, warm
Ζήτω – Long Live
ζητώ (2) – I ask
ζω (3) – I live
ζωγραφίζω (1) – I draw
ζώο, το – animal
ζωολογικός κήπος, ο – zoo
Η
ή – or
ηλεκτρισμός, ο – electricity
ηλεκτρονικό – electronic
ήλιος, ο – sun
ήρωας, ο – hero
Θ
θάλασσα, η – sea
θάνατος, ο – death
θαυμάζω (1) – I admire, I marvel
Θεία Λειτουργία, η – Divine Liturgy
θείος, ο – uncle
θέλω (1) – I want
θεός, ο – god
θρανίο, το – desk
θρησκεία, η – religion
θυμ-άμαι, -ούμαι (4) – I remember
θυμωμέν-ος, -η, -ο – angry
θυμώνω (1) – I get angry
Ι
ιερέας, ο – priest
ιερ-ός, -ή, -ό – holy

ιπποπόταμος, ο – hippopotamus
ίππος, ο – horse
ιστορία, η – history
Ιταλία, η – Italy
Κ
καθαρίζω (1) – I clean
καθαρ-ός, -ή, -ό – clean
κάθε – every
καθένας, καθεμιά, καθένα – every
κάθισμα, το – seat
κάθομαι (4) – I sit
καινούρι-ος, -α, -ο – new
καιρός, ο – time, weather
καλαματιανός, ο – kind of
    Greek dance
κάλαντα, τα – carols
καληνύχτα – good-night
καλοκαίρι, το – summer
καλ-ός, -ή,-ό – good
καλύτερα – better
κάμαρα, η – room
καμάρι, το – the pride
καμηλοπάρδαλη, η – giraffe
καμωμένος – made of
καναπές, ο – couch
κανένας, – nobody
κάνω (1) – I do
κανταΐφι, το – Greek sweet
καπέλο, το – hat
κάποτε – sometimes
καρέκλα, η – chair
καρότο, το – carrot
κάρτα, η – card
κατηχητικό σχολείο, το – Sunday
    school
κατόρθωμα, το – deed, labor
καφέ (χρώμα) – brown
καφές, ο – coffee
καφετέρια, η – cafeteria
καφετζής, ο – coffee house owner
κερδίζω (1) – I gain, I earn
κερί, το – candle
κερνώ (2) – I treat
κεφάλι, το – head
κεφτές, ο – meatball

κήπος, ο – garden
κίτριν-ος, -η, -ο – yellow
κλείνω (1) – I close
κόβω (1) – I cut
κοιμούμαι (4) – I sleep
κοινωνώ (3) – I take communion
κοιτάζω (1) – I look
κόκκαλο, το – bone
κόκκινο, το – red
κολύμπι, το – swimming
κομμάτι, το – piece
κοντά – near
κοντεύω (1) – I come near
κοπάδι, το – herd
κορίτσι, το – girl
κόσμος, ο – world, people
κουδούνι, το – bell
κουζίνα, η – kitchen
κούκλα, η – doll
κούνια, η – crib, swing
κουράζομαι (4) – I get tired
κουραμπιές, ο – Greek sweet
κουτάλι, το – spoon
κόψη, η – edge
κρατώ (2) – I hold
κρεβάτι, το – bed
κρύο, το – cold
κτίριο, το – building
κυρία, η – Mrs., lady
Κυριακή, η – Sunday
κύριος – Mr.

Λ
λάβαρο, το – banner
λάδι, το – oil
λαμπάδα, η – big candle
λειτουργία, η – liturgy
λέξη, η – word
λεπτό, το – minute
λεφτά, τα – money
λέω (1) – I say
λεωφορείο, το – bus
λιάζομαι (4) – I sunbathe
λίγ-ος, -η, -ο – little
λίμνη, η – lake
λιοντάρι, το – lion
λόγια, τα – words

λουκουμάς, ο – Greek sweet
λουλούδι, το – flower
λυπούμαι (4) – I am sorry
Μ
μαγαζί, το – shop
μαγειρεύω (1) – I cook
μαζί – together
μαθαίνω (1) – I learn
μάθημα, το – lesson
μαθητής, ο – pupil
μακαρόνια, τα – spaghetti
μάλιστα – yes
μαλλιά, τα – hair
μάλλιν-ος, -η, -ο – woolen
μαλλώνω (1) – I fight, I quarrel
μαμά, η – mother
μαρμελάδα, η – marmalade
μαύρ-ος, -η, -ο – black
μαχαίρι, το – knife
μάχη, η – battle
μεγάλ-ος, -η, -ο – big, large
μεγαλώνω (1) – I grow
μελομακάρονο, το – Greek sweet
μένω (1) – I stay
μέρα, η – day
μερικ-οί, -ές, -ά – some
μέρος, το – place
μέσα – in, inside
μεσάνυχτα, τα – midnight
μεσημέρι, το – noon
μεταξύ – between
μεταξωτ-ός, -ή, -ό – silken
μετρό, το – subway
μετρώ (2) – I count
μήπως – in case that, maybe
μητέρα, η – mother
μιά – a, an, one
μικρ-ός, -ή, -ό – small
μιλώ (2) – I speak, I talk
μοιάζω (1) – I look like
μοναστήρι, το – monastery
μουσακάς, ο – Greek dish with ground
    meat and eggplant
μουσική, η – music
μουστάκι, το – mustache
μπαίνω (1) – I enter

μπακλαβάς, ο – Greek sweet
μπάλα, η – ball
μπαμπάς, ο – father
μπάσκετ, το – basketball
μπισκότο, το – biscuit
μπλε – blue
μπλούζα, η – blouse
μπορώ (3) – I can
μπότα, η – boot
μπράβο – bravo
μυθολογία, η – mythology
μύτη, η – nose
μωρό, το – infant, baby
Ν
ναύτης, ο – sailor
νέος, ο – young man
νερό, το – water
νεροφίδα, η – water snake
νησί, το – island
νηστήσιμ-ος, -η, -ο – food suitable
    for fasting
νοικοκυρά, η – house wife
νοικοκυρούλα, η – young
    housekeeper
νομίζω (1) – I think
νόστιμ-ος, -η, -ο – tasty
ντύνομαι (4) – I dress myself
ντύνω (1) – I dress
νυσταγμέν-ος, -η, -ο – sleepy
νυστάζω (1) – I am sleepy
νύχι, το – nail
Ξ
ξαδέλφη, η – cousin
ξανανοίγω (1) – I reopen
ξαναπηγαίνω (1) – I go again
ξαπλωμέν-ος, η, -ο – lying down
ξαστεριά, η – clear sky
ξαφνικά – suddenly
ξεκούραση, η – resting
ξένος, ο – stranger, guest
ξέρω (1) – I know
ξεχνώ (2) – I forget
ξηρά, η – land
ξυπνώ (2) – I wake
Ο
ό,τι – that, the thing which

οδηγώ (3) – I guide, I drive
οικογένεια, η – family
όλα – all
Ολυμπιακοί Αγώνες, οι – Olympic Games
όμορφ-ος, -η, -ο – beautiful
όμως – but
ονομάζομαι (4) – I am named, called
όπλο, το – gun, weapon
όρεξη, η – appetite
όταν – when
ουρανός, ο – sky
όχι – no
οχτακόσια – eight hundred
οχτώ – eight
Οχτώβρης, ο – October
όψη, η – look, appearance
Π
παγώνω (1) – I freeze
παγωτό, το – ice cream
παζλ, το – puzzle
παθαίνω (1) – I suffer
παιδί, το – child
παίζω (1) – I play
παίρνω (1) – I take
παιχνίδι, το – game, toy
παλι-ός, -ά, -ό – old
πάντα – always
πάντοτε – always
παπάς, ο – priest
παπουτσής, ο – shoe maker
παπούτσι, το – shoe
παππούς, ο – grandfather
παραδίνομαι (4) – I give in, I yield
παράθυρο, το – window
παρακαλώ (3) – I beg, I plead
πάρε με – take me
παρέα, η – company
πάρκο,το – park
παστίτσο, το – Greek dish with macaroni
Πάσχα, το – Easter
πατατάκια, τα – potato chips
πατέρας, ο – father
πεινώ (2) – I am hungry
πειράζω (1) – I bother

πειρατής, ο – pirate
πεντοζάλι, το – kind of Greek dance
περιμένω (1) – I wait
περιοδεία, η – tour
περιποίηση, η – kind treatment
περιποιούμαι (4) – I treat kindly
πηγαίνω (1) – I go
πηδώ (2) – I jump
πιάνο, το – piano
πιάτο, το – plate
πίνακας, ο – blackboard
πίνω (1) – I drink
πιο – more
πιρούνι, το – fork
πίσω – behind
πλένω (1) – I wash
πληγώνω (1) – I wound
πλημμυρίζω (1) – I flood
πλησιάζω (1) – I approach
πνίγω (1) – I drown, I choke
πόδι, το – foot
ποδόσφαιρο, το – soccer
ποιος, ποια, ποιο – who, which
πόλεμος, ο – war
πολεμώ (2) – I fight
πόλη, η – city, town
πολιτισμός, ο – civilization
πολύς, πολλή, πολύ – much, many
πολύχρωμ-ος, -η, -ο – multi-colored
πονώ (3) – I am in pain
πόπκορν, το – popcorn
πόρτα, η – door
πορτοκαλάδα, η – orange juice
ποταμός, ο – river
ποτέ – never
πότε; – when?
ποτήρι, το – glass
πού; – where?
πουλί, το – bird
πουλώ (2) – I sell
πράγμα, το – thing
πράσιν-ος, -η, -ο – green
πρέπει – must
πριν – before
πρόβατο, το – sheep
προπάππος, ο – great grandfather

προσευχή, η – prayer
προσεύχομαι (4) – I pray
προσέχω (1) – I am careful
προσπαθώ (3) – I try
προστατεύω (1) – I protect
πρόσωπο, το – face
πρωί, το – morning
πρωινό, το – breakfast, morning
πρώτα – first
Ρ
ραδιόφωνο, το – radio
ράφτης, ο – tailor
ρίχνω (1) – I throw
ρολόι, το – clock, watch
ρόπαλο, το – club
ρούχα, τα – clothes
ρωτώ (2) – I ask
Σ
Σάββατο, το – Saturday
σαράντα – forty
σβήνω (1) – I put out
σειρά, η – line
σηκώνομαι (4) – I get up
σηκώνω (1) – I raise, I lift, I get up
σημαία, η – flag
σήμερα – today
σίδερο, το – iron
σινεμά, το – movie theater
σκεπάζω (1) – I cover
σκι, το – ski
σκλάβος, ο – slave
σκοτώνω (1) – I kill
σκουφί, το – cap
σοκολάτα, η – chocolate
σουβλάκι, το – shiskebab
σούπα, η – soup
σούπερ μάρκετ, το – grocery store
σπαθί, το – sword
σπανακόπιτα, η – spinach pie
σπίτι, το – house
σπουδαί-ος, -α, -ο – important
στάδιο, το – stadium
στάση, η – bus stop
σταυρός, ο – cross
στέκομαι (4) – I stand
στέλνω (1) – I send

στιγμή, η – moment
στολή, η – uniform
στολίζω (1) – I decorate
στόλισμα, το – decoration
στρατιωτάκι,το – small toy soldier
στρώνω (1) – I spread out
συγγενής, ο – relative
συνήθως – usually
σύννεφο, το – cloud
συρτάκι, το – kind of Greek dance
σφαίρα, η – sphere, bullet
σχεδόν – almost
σχολείο, το – school
σώμα, το – body
Τ
ταινία, η – film
ταιριάζω (1) – I fit
τάξη, η – class
ταξιτζής, ο – taxi driver
ταχυδρόμος, ο – mailman
τελειώνω (1) – I finish
τέλος, το – end
τέννις, το – tennis
τέσσερα – four
τηγανιτ-ός, -ή, -ό – fried
τηλεόραση, η – television
τηλέφωνο, το – telephone
τίγρη, η – tiger
τόξο, το – bow
Τούρκος, ο – Turk
τραγούδι, το – song
τραγουδώ (2) – I sing
τραπεζαρία, η – dining room
τραπέζι, το – table
τραπεζομάντηλο, το – table cloth
τρεις – three
τρελ-ός, -ή, -ό – crazy
τρέμω (1) – I tremble
τρέχω (1) – I run
τριαντάφυλλο, το – rose
τρομερ-ός, -ή, -ό – fearsome
τρομοκρατώ (3) – I terrify
τρώω (1) – I eat
τσάι, το – tea
τσάμικο, το – kind of Greek dance
τσάντα, η – purse

τσολιάς, ο – evzone
τσουγκρίζω (1) – I strike
τυρί, το – cheese
τυρόπιτα, η – cheese pie
Υ
ύμνος, ο – hymn
υπάρχω (1) – I exist
ύπνος, ο – sleep
ύστερα – then, after, afterwards
Φ
φαγητό, το – food, meal
φαίνομαι (4) – I seem, I look
φεγγάρι, το – moon
φέρνω (1) – I bring
φεύγω (1) – I leave
φθινόπωρο, το – autumn, fall
φίδι, το – snake
φίλος, ο – friend
φλιτζάνι, το – cup
φοβερίζω (1) – I threaten
φοβερ-ός, -ή, -ό – fearsome
φοβούμαι (4) – I am afraid
φορά, η – time
φόρεμα, το – dress
φορεσιά, η – suit
φορώ (3) – I wear
φουστάνι, το – dress
φρόνιμ-ος, -η, -ο – quiet
φροντίζω (1) – I take care
φρυγανιά, η – toasted bread
φτάνω (1) – I arrive
φτερό, το – feather, wing
φτιάχνω (1) – I make, I prepare
φωνή, η – voice
φως, το – light
φωτάκι, το – small light
φωτογραφία, η – photograph
Χ
Χαίρε! – Hail!
χαιρετώ (2) – I greet
χαίρομαι (4) – I am glad
χάνω (1) – I lose
χαρά, η – joy
χαρμόσυν-ος, -η, -ο – joyful
χαρούμεν-ος, -η, -ο – happy, joyful
χάρτης, ο – map

χειμώνας, ο – winter
χέρι, το – hand
χίλια – one thousand
χιλιάδα, η – thousand
χιονάνθρωπος, ο – snowman
χιόνι, το – snow
χιονίζει – it snows
χιονοπόλεμος, ο – fight with snow
χορεύω (1) – I dance
χορός, ο – dance
χορωδία, η – choir
χρειάζομαι (4) – I need
Χριστιαν-ός, -ή, -ό – Christian
Χριστός Ανέστη – Christ has Risen
Χριστός, ο – Christ
Χριστούγεννα, τα – Christmas
χριστουγεννιάτικ-ος, -η, -ο –
    Christmas
χρόνος, ο – year, time
χρόνων – (years) of age
χρώμα, το – color
χρωματιστ-ός, -ή, -ό – colorful
χτυπώ (2) – I hit
χώρα, η – country
χωριό, το – village
χωρίς – without
Ψ
ψαλίδι, το – scissors
ψάλλω (1) – I chant
ψάλτης, ο – cantor
ψαράς, ο – fisherman
ψάρι, το – fish
ψέμα, το – lie
ψηλ-ός, -ή, -ό – tall, high
ψήνω (1) – I bake
ψυγείο, το – refrigerator
ψωμάς, ο – baker
Ω
ώρα, η – hour, time
Ωραία Πύλη, η – Royal Gate
ωραί-ος, -α, -ο – beautiful

# Vocabulary - Λεξιλόγιο

## A

a – ένας, μία, ένα
admire, I – θαυμάζω (1)
afraid, I am – φοβούμαι, φοβάμαι (4)
after – ύστερα, κατόπιν
afternoon – απόγευμα
afterwards – ύστερα, κατόπιν
airplane – το αεροπλάνο
airplane (small) – το αεροπλανάκι
airport – το αεροδρόμιο
all – όλα
almost – σχεδόν
always – πάντοτε
am, I – είμαι
America – η Αμερική
American – το αμερικανικό
an – ένας, μία, ένα
ancient – αρχαί-ος, -α, -ο
angry – θυμωμέν-ος, -η, -ο
angry, I get – θυμώνω (1)
animal – το ζώο
Annunciation – ο Ευαγγελισμός
another – άλλ-ος, η, -ο
answer, I – απαντώ (2)
appearance – η όψη
appetite – η όρεξη
approach, I – πλησιάζω (1)
around – γύρω
arrive, I – φτάνω (1)
arrows – τα βέλη
ask, I – ζητώ (2), ρωτώ (2)
athlete – ο αθλητής
autumn – το φθινόπωρο

## B

baby – το μωρό
bake, I – ψήνω (1)
baker – ο ψωμάς
ball – η μπάλα
banner – το λάβαρο
basketball – το μπάσκετ
battle – η μάχη
bear – η αρκούδα
beautiful – ωραί-ος, -α, -ο/
   όμορφ-ος, -η, -ο
because – διότι
become, I – γίνομαι (4)

bed – το κρεβάτι
before – πριν
beg, I – παρακαλώ (3)
behind – πίσω
bell – το κουδούνι
beloved – αγαπημέν-ος, -η, -ο
best – καλύτερα
between – μεταξύ
big – μεγάλ-ος, -η, -ο
bird – το πουλί
birth – η γέννηση
biscuit – το μπισκότο
bishop – ο δεσπότης
bite, I – δαγκάνω (1)
black – μαύρ-ος, -η, -ο
black – το μαύρο
blackboard – ο πίνακας
bless, I – ευλογώ (3)
blessed bread – το αντίδωρο
blouse – η μπλούζα
blue – μπλε, γαλανός, γαλάζιος
body – το σώμα
bone – το κόκκαλο
book – το βιβλίο
bookcase – η βιβλιοθήκη
boot – η μπότα
born, I am – γεννιέμαι (4)
bother, I – πειράζω (1)
bouquet – η ανθοδέσμη
bow – το τόξο
boy – το αγόρι
brave – γενναί-ος, -α, -ο
bravo – μπράβο
breakfast – το πρωινό, το πρόγευμα
bring, I – φέρνω (1)
brother – ο αδελφός
brothers and sisters – τα αδέλφια
brown – καφέ, καστανό
brush, I – βουρτσίζω (1)
building – το κτίριο
bus – το λεωφορείο
bus stop – η στάση
but – αλλά, όμως
butter – το βούτυρο
buy, I – αγοράζω (1)

## C

cafeteria – η καφετέρια
can, I – μπορώ (3)
candle – το κερί
candle (big) – η λαμπάδα
cantor – ο ψάλτης
cap – το σκουφί
car (small) – το αυτοκινητάκι
card – η κάρτα
careful, I am – προσέχω (1)
carols – τα κάλαντα
carrot – το καρότο
cat – η γάτα
celebration – η γιορτή
chair – η καρέκλα
change, I – αλλάζω (1)
chant, I – ψάλλω (1)
chase away, I – διώχνω (1)
cheese – το τυρί
cheese pie – η τυρόπιτα
child – το παιδί
chocolate – η σοκολάτα
choir – η χορωδία
choke, I – πνίγω (1)
choose, I – διαλέγω (1)
Christ – ο Χριστός
Christ has Risen – Χριστός Ανέστη
Christian – Χριστιαν-ός, -ή, -ό
Christmas – τα Χριστούγεννα
church – η εκκλησία
city – η πόλη
civilization – ο πολιτισμός
class – η τάξη
clean – καθαρ-ός, -ή, -ό
clean, I – καθαρίζω (1)
clock – το ρολόι
close, I – κλείνω (1)
clothes – τα ρούχα
cloud – το σύννεφο
club – το ρόπαλο
coffee – ο καφές
coffee house owner – ο καφετζής
cold – το κρύο
color – το χρώμα
colorful – χρωματιστ-ός, -ή, -ό
come near, I – κοντεύω (1),

πλησιάζω (1)
come, I – έρχομαι (4)
communion, I take – κοινωνώ (3)
company – η παρέα
cook, I – μαγειρεύω (1)
cool – δροσερ-ός, -ή, -ό
couch – ο καναπές
count, I – μετρώ (2)
country – η χώρα
cousin – ο ξάδελφος, η ξαδέλφη
cover, I – σκεπάζω (1)
crazy – τρελ-ός, -ή, -ό
cross – ο σταυρός
cup – το φλιτζάνι
cut, I – κόβω (1)
D
dance, I – χορεύω (1)
day – η μέρα
dear – αγαπητ-ός, -ή, -ό
death – ο θάνατος
decorate, I – στολίζω (1)
decoration – το στόλισμα
deed – το κατόρθωμα
deer – το ελάφι
desk – το γραφείο
desk – το θρανίο
different – διάφορ-ος, -η, -ο
dining room – η τραπεζαρία
disorder – η αταξία
Divine Liturgy – η Θεία Λειτουργία
do, I – κάνω (1)
doctor – ο γιατρός
doll – η κούκλα
dollar – το δολάριο
door – η πόρτα
draw, I – ζωγραφίζω (1)
dress – το φόρεμα
dress – το φουστάνι
dress myself, I – ντύνομαι (4)
dress, I – ντύνω (1)
drink, I – πίνω (1)
drown, I – πνίγω (1)
E
earn, I – κερδίζω (1)
earth – η γη
Easter – το Πάσχα

eat, I – τρώω (1)
edge – η άκρη, η κόψη
egg – το αβγό
eight – οχτώ
eight hundred – οχτακόσια
electricity – ο ηλεκτρισμός
electronic – ηλεκτρονικ-ός, -ή, -ό
elephant – ο ελέφαντας
end – το τέλος
English – τα αγγλικά
enough – αρκετ-ός, -ή, -ό
enter, I – μπαίνω (1)
evening – το βράδυ
evening (this) – απόψε
every – κάθε/καθένας, καθεμιά, καθένα
evzone – ο εύζωνος
excursion – η εκδρομή
exist, I – υπάρχω (1)
explain, I – εξηγώ (3)
F
face – το πρόσωπο
fall – το φθινόπωρο
family – η οικογένεια
father – ο πατέρας
fearsome – τρομερ-ός, -ή, -ό/
    φοβερ-ός, -ή, -ό
feather – το φτερό
field trip – η εκδρομή
fight, I – μαλλώνω (1)
fight, I – πολεμώ (2)
film – η ταινία
find, I – βρίσκω (1)
finish, I – τελειώνω (1)
first – πρώτα
fish – το ψάρι
fisherman – ο ψαράς
fit, I – ταιριάζω (1)
flag – η σημαία
flood, I – πλημμυρίζω (1)
flower – το λουλούδι
food – το φαγητό
food for fasting – νηστήσιμ-ος, -η, -ο
foot – το πόδι
for – για
force – η βία
forget, I – ξεχνώ (2)

fork – το πιρούνι
fortunately – ευτυχώς
forty – σαράντα
four – τέσσερα
free, I – ελευθερώνω (1)
freedom – η ελευθερία
freeze, I – παγώνω (1)
fried – τηγανιτ-ός, -ή, -ό
friend – ο φίλος, η φίλη
from – από
full – γεμάτ-ος, -η, -ο
G
gain, I – κερδίζω (1)
game – το παιχνίδι
garden – ο κήπος
geography – η γεωγραφία
get up, I – σηκώνομαι (4)
giant – ο γίγαντας
gift – το δώρο
giraffe – η καμηλοπάρδαλη
girl – το κορίτσι
girl (Greek) – η ελληνοπούλα
give in, I – παραδίνομαι (4)
glad, I am – χαίρομαι (4)
glass – το ποτήρι
go again, I – ξαναπηγαίνω (1)
go, I – πηγαίνω (1)
god – ο θεός
good – καλ-ός, -ή, -ό
good time, I have a – διασκεδάζω (1)
good-night – καληνύχτα
gospel – το ευαγγέλιο
grandfather – ο παππούς
grandmother – η γιαγιά
great grandfather – ο προπάππος
Greece – η Ελλάδα
Greek – ελληνικ-ός, -ή, -ό/
    τα ελληνικά
Greek child – το ελληνόπουλο
green – πράσιν-ος, -η, -ο
greet, I – χαιρετώ (2)
grocery store – το σούπερ μάρκετ
grow, I – μεγαλώνω (1)
grumble, I – γκρινιάζω (1)
guest – ο ξένος
guide, I – οδηγώ (3)

gun – το όπλο
gym – το γυμναστήριο
H
Hail! – Χαίρε!
hair – τα μαλλιά
ham – το ζαμπόν
hand – το χέρι
happy – ευτυχισμέν-ος, -η, -ο
hat – το καπέλο
have, I – έχω (1)
head – το κεφάλι
hear, I – ακούω (1)
help, I – βοηθώ (2)
herd – το κοπάδι
hero – ο ήρωας
high – ψηλ-ός, -ή, -ό/ψηλά
hippopotamus – ο ιπποπόταμος
history – η ιστορία
hit, I – χτυπώ (2)
hold, I – κρατώ (2,3)
holiday – η γιορτή
holy – ιερ-ός, -ή, -ό
horse – το άλογο, ο ίππος
hot – ζεστ-ός, -ή, -ό
hour – η ώρα
house – το σπίτι
house wife – η νοικοκυρά
hungry, I am – πεινώ (2)
hymn – ο ύμνος
I
I – εγώ
ice cream – το παγωτό
important – σπουδαί-ος, -α, -ο
in – μέσα
in case that – μήπως
infant – το μωρό
inside – μέσα
invisible – αόρατ-ος, -η, -ο
iron – το σίδερο
island – το νησί
Italy – η Ιταλία
J
jacket – η ζακέτα
job – η δουλειά
joke – το αστείο
joy – η χαρά

joyful – χαρούμεν-ος, -η, -ο
jump, I – πηδώ (2)
K
kill, I – σκοτώνω (1)
kind treatment – η περιποίηση
king – ο βασιλιάς
kitchen – η κουζίνα
kitten – το γατάκι
knife – το μαχαίρι
know, I – γνωρίζω (1), ξέρω (1)
L
labor – το κατόρθωμα
lady – η κυρία
lake – η λίμνη
land – η ξηρά
language – η γλώσσα
large – μεγάλ-ος, -η, -ο
late, I am – αργώ (3)
laugh, I – γελώ (2)
learn, I – μαθαίνω (1)
leave, I – φεύγω (1)
left – αριστερά
lesson – το μάθημα
letter – το γράμμα
liberty – η ελευθερία
lie – το ψέμα
lift, I – σηκώνω (1)
light – το φως
light (small) – το φωτάκι
light, I – ανάβω (1)
lighted – αναμμέν-ος, -η, -ο
like, I – αρέσω (1)
line – η γραμμή, η σειρά
line – η σειρά
lion – το λιοντάρι
listen, I – ακούω (1)
lit – αναμμέν-ος, -η, -ο
little – λίγ-ος, -η, -ο
liturgy – η λειτουργία
live, I – ζω (3)
Long Live – Ζήτω
look – η όψη
look like, I – μοιάζω (1)
look, I – κοιτάζω (1), φαίνομαι (4)
lose, I – χάνω (1)
love, I – αγαπώ (2)

lunch – το γεύμα
lying down – ξαπλωμέν-ος, -η, -ο
M
made of – καμωμένος
mailman – ο ταχυδρόμος
make, I – κάνω (1), φτιάχνω (1)
man – ο άντρας
man (old) – ο γέρος
man (young) – ο νέος
many – πολλ-οί, -ές, -ά
map – ο χάρτης
March 25th – η 25η Μαρτίου
marmalade – η μαρμελάδα
marvel, I – θαυμάζω (1)
me – εμένα
meal – το φαγητό
meatball – ο κεφτές
midnight – τα μεσάνυχτα
milk – το γάλα
mine – δικ-ός, -ή, -ό
mine – δικ-ός, -ή, -ό (μου)
minute – το λεπτό
misconduct – η αταξία
moment – η στιγμή
monastery – το μοναστήρι
money – τα λεφτά, τα χρήματα
moon – το φεγγάρι
more – πιο
morning – το πρωί
morning – το πρωί, το πρωινό
mother – η μητέρα, η μαμά
Mother's Day – η Γιορτή της
    Μητέρας
mountain – το βουνό
movie theater – το σινεμά
Mr. – κύριος
Mrs. – η κυρία
much – πολύ
multi-colored – πολύχρωμ-ος, -η, -ο
music – η μουσική
must – πρέπει
mustache – το μουστάκι
mythology – η μυθολογία
N
nail – το νύχι
named, I am – ονομάζομαι (4)

National Holiday – η Εθνική Γιορτή
near – κοντά
need, I – χρειάζομαι (4)
nephew – το ανίψι, η ανεψιά
never – ποτέ
new – καινούρι-ος, -α, -ο
newspapar – η εφημερίδα
next to – δίπλα
night – το βράδυ
nine hundred – εννιακόσια
no – όχι
nobody – κανένας, καμιά, κανένα
noon – το μεσημέρι
nose – η μύτη
not – δεν
O
October – ο Οχτώβρης, ο Οκτώβριος
office – το γραφείο
oil – το λάδι
old – παλι-ός, -ιά, -ιό
olive – η ελιά
Olympic Games – οι Ολυμπιακοί
   Αγώνες
one – ένας, μία, ένα
open, I – ανοίγω (1)
orange juice – η πορτοκαλάδα
other – άλλ-ος, -η, -ο
outside – έξω
ox – το βόδι
P
package – το δέμα
pain, I am in – πονώ (3)
parent – ο γονιός
park – το πάρκο
people – ο κόσμος
person – το άτομο
photograph – η φωτογραφία
piano – το πιάνο
picture – η εικόνα
piece – το κομμάτι
pirate – ο πειρατής
place – το μέρος
plate – το πιάτο
play, I – παίζω (1)
plead, I – παρακαλώ (3)
popcorn – το πόπκορν
porch – η βεράντα

potato chips – τα πατατάκια
pray, I – προσεύχομαι (4)
prayer – η προσευχή
prepare, I – ετοιμάζω (1), φτιάχνω (1)
pride – το καμάρι
priest – ο ιερέας, ο παπάς
protect, I – προστατεύω (1)
pupil – ο μαθητής, η μαθήτρια
purse – η τσάντα
put out, I – σβήνω (1)
put, I – βάζω (1)
puzzle – το παζλ
Q
quarrel, I – μαλλώνω (1)
quiet – φρόνιμ-ος, -η, -ο
R
radio – το ραδιόφωνο
raise, I – σηκώνω (1)
read, I – διαβάζω (1)
reading – η ανάγνωση
ready – έτοιμ-ος, -η, -ο
recognize, I – γνωρίζω (1)
red – κόκκιν-ος, -η, -ο
refreshing – δροσερ-ός, -ή, -ό
refrigerator – το ψυγείο
relative – ο συγγενής
religion – η θρησκεία
remember, I – θυμ-ούμαι, -άμαι (4)
reopen, I – ξανανοίγω (1)
restaurant – το εστιατόριο
resting – η ξεκούραση
resurrection – η ανάσταση
return, I – γυρίζω (1)
revolution – η επανάσταση
right – δεξιά
river – ο ποταμός
road – ο δρόμος
room – το δωμάτιο, η κάμαρα
rose – το τριαντάφυλλο
Royal Gate – η Ωραία Πύλη
run, I – τρέχω (1)
S
sailor – ο ναύτης
Saturday – το Σάββατο
savage – άγρι-ος, -α, -ο
say, I – λέω (1)
school – το σχολείο

scissors – το ψαλίδι
sea – η θάλασσα
seat – το κάθισμα
second – δεύτερ-ος, -η, -ο
see, I – βλέπω (1)
seem, I – φαίνομαι (4)
select, I – διαλέγω (1)
self – εαυτός
sell, I – πουλώ (2)
send, I – στέλνω (1)
service – η περιποίηση
sheep – το πρόβατο
shiskebab – το σουβλάκι
shoe – το παπούτσι
shoe maker – ο παπουτσής
shop – το μαγαζί
show, I – δείχνω (1)
silken – μεταξωτ-ός, -ή, -ό
sing, I – τραγουδώ (2)
sister – η αδελφή
sit, I – κάθομαι (4)
six – έξι
ski – το σκι
sky – ο ουρανός
sky (clear) – η ξαστεριά
slave – ο σκλάβος
sleep – ο ύπνος
sleep, I – κοιμούμαι, κοιμάμαι (4)
sleepy – νυσταγμέν-ος, -η, -ο
sleepy, I am – νυστάζω (1)
small – μικρ-ός, -ή, -ό
smart – έξυπν-ος, -η, -ο
smiling – γελαστ-ός, -ή, -ό
snake – το φίδι
snow – το χιόνι
snow fight – ο χιονοπόλεμος
snowman – ο χιονάνθρωπος
snows, it – χιονίζει
soccer – το ποδόσφαιρο
soldier (toy, small) – το στρατιωτάκι
some – μερικ-οί, -ές, -ά
sometimes – κάποτε
song – το τραγούδι
sorry, I am – λυπούμαι, λυπάμαι (4)
soup – η σούπα
spaghetti – τα μακαρόνια
speak, I – μιλώ (2)

sphere – η σφαίρα
spinach pie – η σπανακόπιτα
spoon – το κουτάλι
spread out – στρώνω (1), απλώνω (1)
stadium – το στάδιο
stand, I – στέκομαι (4)
star – το άστρο
start, I – αρχίζω (1)
stay, I – μένω (1)
still – ακόμα
stranger – ο ξένος
street – ο δρόμος
strict – αυστηρ-ός, -ή, -ό
strike, I – τσουγκρίζω (1), χτυπώ (2)
strong – δυνατ-ός, -ή, -ό
subway – το μετρό
suddenly – ξαφνικά
suffer, I – υποφέρω
suit – η φορεσιά
summer – το καλοκαίρι
sun – ο ήλιος
sunbathe, I – λιάζομαι (4)
Sunday – η Κυριακή
Sunday school – το κατηχητικό
    σχολείο
sweet – γλυκ-ός, -ιά, -ό
swimming – το κολύμπι
sword – το σπαθί
T
table – το τραπέζι
table cloth – το τραπεζομάντηλο
tailor – ο ράφτης
take care, I – φροντίζω (1)
take me – πάρε με
take, I – παίρνω (1)
talk, I – μιλώ (2)
tall – ψηλ-ός, -ή, -ό
tasty – γευστικ-ός, -ή, -ό
taxi driver – ο ταξιτζής
tea – το τσάι
teach, I – διδάσκω (1)
teacher (female) – η δασκάλα
telephone – το τηλέφωνο
television – η τηλεόραση
ten – δέκα
tennis – το τέννις
terrify, I – τρομοκρατώ (3)

thank, I – ευχαριστώ (3)
that – εκείν-ος, -η, -ο/ό,τι
then – τότε, ύστερα
there – εκεί
thing – το πράγμα
think, I – νομίζω (1), σκέφτομαι (4)
this – αυτ-ός, -ή, -ό
thousand – χίλια, η χιλιάδα
threaten, I – φοβερίζω (1)
three – τρεις
throw, I – ρίχνω (1)
thus – έτσι
tie – η γραβάτα
tiger – η τίγρη
time – η φορά, η ώρα, ο χρόνος,
    ο καιρός
tired, I get – κουράζομαι (4)
toasted bread – η φρυγανιά
today – σήμερα
together – μαζί
tomorrow – αύριο
tongue – η γλώσσα
tooth – το δόντι
top – η κορυφή
tour – η περιοδεία
town – η πόλη
toy – το παιχνίδι
treat, I – κερνώ (2)
tree – το δέντρο
tremble, I – τρέμω (1)
Truly He is Risen – Αληθώς Ανέστη
try, I – προσπαθώ (3)
Turk – ο Τούρκος
turn, I – γυρίζω (1)
twenty – είκοσι
two – δύο, δυο
U
ugly – άσχημ-ος, -η, -ο
uncle – ο θείος
uniform – η στολή
usually – συνήθως
V
village – το χωριό
voice – η φωνή
W
wait, I – περιμένω (1)
wake, I – ξυπνώ (2)

want, I – θέλω (1)
war – ο πόλεμος
warm – ζεστ-ός, -ή, -ό
wash, I – πλένω (1)
watch – το ρολόι
water – το νερό
water snake – η νεροφίδα
we – εμείς
weapon – το όπλο
wear, I – φορώ (3)
weather – ο καιρός
week – η εβδομάδα
when – όταν
when? – πότε;
where? – πού;
which – ποιος, ποια, ποιο
white – άσπρ-ος, -η, -ο
who – ποιος, ποια, ποιο
why – γιατί, διότι
wild – άγρι-ος, -α, -ο
window – το παράθυρο
wing – η φτερούγα
winter – ο χειμώνας
wish, I – επιθυμώ (3)
without – χωρίς
woolen – μάλλιν-ος, -η, -ο
word – η λέξη
words – τα λόγια
work – η δουλειά
world – ο κόσμος
wound, I – πληγώνω (1)
write, I – γράφω (1)
Y
yard – η αυλή
year – ο χρόνος
years of age – χρονών
yellow – κίτριν-ος, -η, -ο
yes – μάλιστα
yet – ακόμα
yield, I – παραδίνομαι (4)
yogurt – το γιαούρτι
you – εσύ, εσείς
Z
zoo – ο ζωολογικός κήπος